AF296571

PLAIDOYER

SUR LA QUESTION D'ÉTAT

POUR Madame de VAUVRÉ.

CONTRE le Sieur foi - difant Anonyme HATTE.

ET encore contre la Dame HATTE.

MESSIEURS,

Si les Tribunaux ont été allarmés de voir des perfonnes obfcures fe produire fur la fcène des réclamations, les allarmes doivent-elles fe diffiper à la vue
d'un homme connu qui y vient opérer à fon tour fa
métamorphofe ?

Dans la plupart de ces grandes actions, il faut
auffi en convenir, l'intérêt public fupérieur encore
à l'intérêt des Parties, étoit au moins défendu contre
les RÉCLAMANS par les perfonnes mêmes auxquelles
ils prétendoient devoir le jour : & à quels hafards

l'ordre public ne fera-t-il pas expofé, fi l'intelligence & le concert doivent être déformais favorables à la réclamation ?

Tels font néanmoins les traits par lefquels on a voulu intéreffer dans une affaire déja trop éclatante ; d'un côté, un Réclamant qui compromettroit, dit-on, un état honorable ; de l'autre, une mere, une mere qui s'armeroit contre deux enfans en faveur d'un étranger ! Auffi, Meffieurs, la nouveauté de la défenfe a-t-elle répondu à l'intrépidité de la démarche.

En effet, du côté des circonftances, on a cru devoir s'affurer d'une fable impofante de maternité ; & en raffemblant dans quarante années de difcorde entre un mari & une femme, des torts imaginaires ou réels, on a confié à dès paffions violentes le rôle de la fuppreffion d'état de l'enfant : fable aujourd'hui fi compliquée, que la vérité y reprend fes droits au milieu des fuppofitions accumulées pour l'étouffer.

Cependant, avec le merveilleux de ces fables, on s'eft enhardi, du côté des principes, à ne regarder des maximes confacrées fur l'état des hommes, que comme des maximes arbitraires. Ce ne font plus les titres & la poffeffion d'une famille attaquée, ce n'eft plus la poffeffion & les titres perfonnels de celui qui réclame, qui doivent maintenir dans le rang qui appartient à chacun, & à la faveur de la preuve teftimoniale, l'état des hommes deviendra le jouet des conjectures.

La Juftice s'offenfe, Meffieurs, de ces vains projets ramenés de temps à autre fous fes yeux : c'eft fon coup d'œil auftere qu'il faut faifir, en diftinguant deux queſtions que leur nature ne permet pas de confondre.

La premiere regarde l'état actuel, perſonnel & civil, ſoit de la famille que je viens défendre, ſoit de ſon adverſaire. Si c'eſt ſous l'autorité des Loix que l'état de l'un, que l'état de l'autre ſe ſont formés, c'eſt une queſtion toute de Droit public, puiſqu'il n'eſt pas plus permis à un Citoyen d'abdiquer ſon être légal, que de renverſer l'être légal d'une famille entiere.

La ſeconde concerne un état non pas actuellement exiſtant, mais un état prétendu ſupprimé : elle dépend du tiſſu fabuleux de la maternité & de ſes épiſodes acceſſoires : ſeconde queſtion dont l'importance, quelle qu'elle ſoit pour le Réclamant, eſt ſubordonnée à l'intérêt public compromis dans la premiere.

Ainſi ces deux queſtions ont chacune leurs détails particuliers. Des faits & des principes doivent vous être préſentés ſur l'état actuel & perſonnel à toutes les Parties; d'autres faits & d'autres principes appartiennent à la prétendue ſuppreſſion d'un autre état. Voilà l'ordre devenu indiſpenſable pour ne rien omettre, mais auſſi pour ne rien confondre dans une affaire où les Loix ont à prononcer entre les attentats imputés aux paſſions.

4

PREMIERE PARTIE.

La famille dont l'état eft attaqué a été bornée dans tous les temps à deux enfans par les titres & par la poffeffion. Le troifiéme enfant qui s'annonce n'a vis-à-vis elle ni poffeffion, ni titre ; bien plus, il a des titres & une poffeffion qui lui font perfonnels : c'eft, Meffieurs, de ces faits démontrés que je conclurai dans un ordre de moyens, c'eft-à-dire, par le moyen d'intérêt public, que le Réclamant ne peut être écouté.

Mais ces premiers faits relatifs à l'état actuel de toutes les Parties, ce feroit peu de les établir par des actes conftitutifs ou poffeffoires ; je dois par-tout vous faire remarquer que des deux côtés l'état civil s'eft formé, qu'il s'eft affermi, qu'il s'eft perpétué, dans quelles circonftances ? Au milieu de contradictions étonnantes entre les pere & mere, au milieu même de réconciliations prétendues, contrafte inoui ! Et d'après cela, entrons en matiere.

L'état de cette famille qui va naître a eu pour fondement un contrat de mariage & un acte de célébration de 1713, paffés entre le fieur Hatte, alors Avocat en la Cour, depuis Fermier Général, & la demoifelle Miotte, fille du fieur Miotte, Secretaire du Roi, & Greffier du Confeil d'Etat.

Quelles ont été les premieres années de ce mariage ? C'eſt un fait vers lequel ſe porte l'attention. Devant les premiers Juges, on avoit expreſſément plaidé ce qu'on n'a oſé répeter auſſi expreſſément devant vous; ſavoir, *que dans les trois premieres années du mariage, la Dame Hatte avoit éprouvé tous les déſagrémens d'une jalouſie naturelle, &* accrue encore par l'aſcendant d'une parente ſur l'eſprit & ſur le cœur de ſon mari. Cette paſſion de jalouſie eſt l'épiſode faſtueux de toute cette affaire ; & dans une affaire où l'on s'arroge ſur les faits une autorité abſolue, il devient important d'abord de déterminer la véritable cauſe des troubles, & ſur-tout d'en déterminer les époques.

Or ſur l'époque des premieres années, comment me ſuis-je défendu dans le premier Tribunal ? C'eſt en tenant à la main un Libelle diſtribué en 1752, dans une inſtance de Requête civile dont j'aurai dans la ſuite occaſion de parler ; Libelle où la Dame Hatte parle en ſon nom, Libelle qu'elle a ſigné ; & dès la premiere page, » je fus mariée, dit-elle, au mois » d'Août 1713, avec le ſieur Hatte. L'eſtime, la con- » fiance, l'union la plus parfaite firent le bonheur des » premieres années de mon mariage. « Donc, dès le premier pas, & dans une cauſe de faits, nos adverſaires ont été en contradiction avec eux-mêmes.

Suppoſons néanmoins des troubles déja nés, donnons-leur même pour cauſe la paſſion jalouſe : En 1714, naiſſance d'une premiere fille, c'eſt aujourd'hui Madame de Vauvré, préſentée alors au Baptême par le ſieur Hatte, aïeul paternel, & par la Dame Miotte, aïeule maternelle. En 1715, une ſeconde fille naît,

Madame de Vielsmaifon, qui eut pour parein le fieur Miotte de Ravanne fon oncle, frere de fa mere, & pour mareine, la Dame le Riche, tante de fon pere.

Ainfi fe forme, du côté des titres, cette famille naiffante par rapport au pere, à la mere, aux deux enfans, aux afcendans & aux collatéraux, en fuppofant même des troubles caufés par une paffion, parce que des accès des paffions, à la fuppreffion d'état des enfans, le trajet eft immenfe, & que quand même un pere feroit capable de ce projet barbare, les enfans annoncés par la groffeffe feroient défendus par les deux familles, & par la mere elle-même.

Mais l'état fixé, dès 1715, à deux filles, a-t-il changé?

Il n'y a pas eu de maternité en 1716, 1717 ni 1718, le fait eft avoué. Ce n'eft qu'à la fin de 1719 au mois de Novembre, que la Dame Hatte prétend être devenue mere une troifiéme fois ; & avant d'en venir à l'époque de cette troifiéme groffeffe du mois de Novembre 1719, il faut étudier les troubles qui vont précéder, leur naiffance, leurs progrès ; voir, en un un mot, s'ils ont eu pour caufe la paffion qui pourroit jouer un rôle vraifemblable dans une queftion d'état.

Le 5 Mai 1718, premiere plainte rendue, par qui? Par le mari. Pour quelles caufes? Caufes frivoles : c'eft contre un cocher & fa femme, femme de chambre de la Dame Hatte; domeftiques que le mari avoit cru être en droit de congédier, & qu'elle voulut retenir malgré lui. Le lendemain, feconde plainte du mari encore, pour un fait plus grave, » que fa femme s'eft faifie » d'une buche dans la cheminée pour en frapper un

» vieillard de quatre-vingts ans , le fieur Hatte pere :
deux plaintes que nous rapportons.

Jugez auffi, Meffieurs, de ce caractere de douceur &
de timidité qu'on fera entrer par la fuite dans le tiffu
fabuleux de la maternité cachée. Mais non, le fieur
Hatte n'étoit pas un mari jaloux, la Dame Hatte n'é-
toit pas une femme timide, & dans l'invention d'une
fable théatrale , il faudroit au moins conferver les caracteres à fes perfonnages.

Auffi des caracteres différens & favorables à la poffeffion des deux enfans vont s'établir par les faits poftérieurs.

A la fuite de ces premiers troubles, la Dame Hatte
prépare fa retraite par des démeublemens furtifs. Elle
quitte la maifon de fon mari le 23 Décembre 1718 ;
le même jour elle forme une demande en féparation de
corps & d'habitation fondée fur des févices & de mau-
vais traitemens. Elle fait auffi procéder à une Enquête,
& le 30 elle comparoît en l'Hôtel du Juge contradic-
toirement avec fon mari , fuivant des ufages pratiqués
au Châtelet.

C'eft ici, Meffieurs, une procédure de féparation de
corps & d'habitation ; & vous le favez, dans ce genre
d'action , la jaloufie du mari eft toujours un moyen
victorieux, parce qu'une femme dont la fidélité eft ha-
bituellement foupçonnée , ne peut conferver la confiance néceffaire à la cohabitation. Mais quel art s'intro-
duit encore dans la défenfe commune de mes Adverfaires ! La requête de plainte de la Dame Hatte n'eft pas
rapportée de leur part, parce que vous y verriez que la
jaloufie n'étoit pas le motif de la demande. S'ils rappor-

tent l'enquête, qu'eſt-ce que la Dame Hatte vous en a lu à l'Audience ? Premierement, *que ſon mari lui refuſoit des meubles;* oui, il avoit mis à couvert ceux qu'elle enlevoit en détail. Secondement, *qu'il lui refuſoit des domeſtiques;* oui encore, il avoit congédié ceux qui avoient droit de lui déplaire. Troiſiémement, *qu'il refuſoit des alimens,* c'eſt qu'elle ne vouloit pas prendre ſes repas avec lui. Quatriémemement, *qu'elle a été expoſée à des injures & à des excès;* c'eſt parce que le mari ſe défendoit des violences éxercées contre lui & contre ſon pere. C'eſt-là tout ce qui a été relevé dans l'enquête, vous n'avez rien entendu de plus; & ſi l'on ne vous a pas dit que parmi neuf témoins entendus, la plupart domeſtiques congédiés, un ſeul eut dépoſé des fureurs de la jalouſie, c'eſt que ce mot n'y eſt pas écrit un ſeule fois.

Mais ce qui détermine la nature de ces troubles, c'eſt le procès - verbal de comparution perſonnelle des Parties en l'Hôtel du Juge. C'eſt-là qu'elles ſe feront reproché, avec plus de vérité encore que les témoins, leurs torts reſpectifs. Toutes les tracaſſeries d'un ménage, en injures & en voies de fait, ſe retrouvent dans les dires de chacun; & dans les ſiens, la Dame Hatte ſi éloquente d'ailleurs, n'accuſe pas la frénéſie de ſon mari. Elle lui reproche au contraire des affections naturellement incompatibles. Elle porte auſſi la confiance juſqu'à lui dire : » vous ne pouvez diſcon- » venir que je ne joue pas, & que je n'ai pas *d'autre* » *paſſion* «. L'auroit-elle dit en préſence d'un homme qui lui auroit perpétuellement témoigné d'autres ſoupçons ? N'avoit-elle pas même le plus grand intérêt de

lui

lui en faire le reproche ? Concluons donc d'abord que l'épifode de la jaloufie & de fes projets, n'eft qu'un fait inventé quarante - cinq années après, comme une couleur de vraifemblance à la queftion d'état.

Cependant ces procédures du mois de Novembre 1718 commencées par une femme dans un temps où elle eft hors la maifon maritale, dans un temps où elle n'eft pas encore groffe, n'ont pas été fuivies, parce que la Dame Hatte abandonnée alors par fon pere, qui étoit intervenu en faveur du gendre, ne fe croyoit pas fondée. Au mois d'Août 1719, elle intente une féparation de biens, elle l'obtient & elle s'en défifte en 1720. Elle en intente une feconde qui eft prononcée par Sentence de 1721. C'eft, Meffieurs, dans les intervalles de ces procédures commencées, difcontinuées, reprifes, qu'on croira pouvoir placer au mois de Novembre 1719 des conjectures de réconciliation, & même l'inftant d'une troifiéme conception. Tout cela appartient à ce que j'ai appelé la maternité fabuleufe, qui m'occupera fur la feconde partie de ma défenfe : ici, l'objet que je ne dois pas perdre de vue, eft la poffeffion conftante des enfans réduits au nombre de deux ; & tirons feulement de ces procédures mêmes un fait poffeffoire & important.

Le 4 Sept. 1721, Arrêt qui infirme la Sentence intervenue fur la feconde féparation de biens, & qui l'infirme, en ce que le fieur Hatte étoit condamné à rendre à fa femme une fomme de 20000 l. faifant partie de fa dot ; ordonne que la fomme reftera entre fes mains, à quelles fins ? » Pour fervir, eft-il dit par l'Arrêt, à l'é-
» ducation & entretien *des deux enfans* provenus du

» mariage ; en cas de décès de *l'un*, tenu d'en rendre
» la moitié , & en cas de décès de *tous deux* , d'en
» rendre la totalité «. A la date de cet Arrêt du 4 Septembre 1721 , le troisiéme enfant auroit existé. Il devoit avoir onze mois, s'il étoit né le 17 Août 1720. Cet Arrêt est donc pour les deux filles un titre de leur possession vis-à-vis de leurs pere & mere. Si même, comme on affecte de le supposer, le concert de ces procédures pouvoit faire présumer la réunion des esprits, l'intelligence des époux n'auroit apporté aucun changement à une possession commencée, & qui va se perpétuer.

Les deux filles en effet ont été élevées par le pere seul, qui avoit retenu les 20000 livres. Il les a mises en Couvent, elles venoient seules chez lui, elles y ont seules paru , seules elles ont été connues des parens, des amis, des voisins, *in domo patris* , *vicinis scientibus* , traitemens publics & conservatoires de la possession , aux yeux des Loix.

Depuis 1721 nous ne voyons rien jusqu'en 1729 & 1730 ; mais en 1729 acte du 19 Janvier, par lequel le mari a la complaisance de rembourser à sa femme les 20000 livres qu'il étoit autorisé à garder, & en 1730 quelques lettres écrites à la Dame Hatte par son mari & par la Demoiselle leur fille aînée. Arrêtons-nous aux lettres.

Il devroit y en avoir trois du mari en 1730 , comme nous le dirons ailleurs. On n'en montre qu'une seule , & que dit celle-ci ? » Je vous recommande *nos filles*,
» & vous demande pour elles votre amitié. Vous jugerez qu'elles la méritent par les sentimens de res-
» pect & d'attachement que vous trouverez en elles ;

» jamais on ne leur en a infpiré d'autres, &c «. Voudroit-on que cette lettre du mari de 1730, que cet acte de reftitution intégrale de la dot de 1729, indiquaffent des difpofitions pacifiques? Pourquoi la poffeffion d'état des deux filles n'a-t-elle pas été interrompue? Pourquoi l'état d'un troifiéme enfant né en 1720 ne tranfpire-t-il pas? A l'égard de deux lettres de la fille aînée de la même époque de 1730, elles font vagues. Dans l'une elle dit, *je ne connoiffois pas le prix d'un fi riche tréfor* (de poffeder la Dame fa mere,) *& que j'en veux à celle qui étoit caufe de l'ignorance où j'étois!* Dans l'autre, *vous avoir connue & me paffer de vous, c'eft ce qui m'eft impoffible,* &c. Dans tout cela nulle connoiffance ni de la part du pere, ni de la part de fa fille, d'un frere ou d'un fils, malgré la correfpondance réciproque du mari à fa femme, & de la fille à fa mere.

C'eft, vous a t-ondit, Meffieurs, que la Dame Hatte ménageoit un homme jaloux, c'eft qu'elle efpéroit. Eh bien, ce mari va lui donner des mécontentemens fenfibles.

En 1733 il marie fa premiere fille à M. de Vauvré. En mil fept cent trente - cinq il marie la feconde à M. de Vielsmaifon, & il le fait fans la participation d'une femme dont il étoit féparé de biens. La Dame Hatte éclate en murmures, la famille prend parti pour ou contre: de-là, de nouvelles lettres écrites à la Dame Hatte par l'Abbé le Riche, par la Dame le Riche mere, par la Dame de Vandy, & une autre lettre auffi de Madame de Vauvré, du lendemain de fon mariage : nouvelle difcuffion favorable à notre état.

Dans la lettre de Madame de Vauvré, elle témoigne à la Dame sa mere, *la douleur qu'elle a reffentie de n'avoir pu obtenir d'elle-même fon agrément.* Dans celle de l'Abbé le Riche, *il fut donc fait ce mariage le 27 de l'autre mois, & vous n'en avez eu connoiffance que par une lettre du même jour,* &c. Dans celle de la Dame le Riche, *il fait à merveilles (votre mari) de nous laiffer là, & de jouir fans témoins de fa belle famille,* &c. Dans celle de la Dame de Vandy, *j'ai appris par la lettre de M. Hatte à mon mari, le mariage de Mademoifelle votre fille. A ma furprife a fuccedé l'indignation contre la furie d'enfer qui gouverne tout cela,* &c.

Nota. Voir le furplus de toutes ces lettres dans le Mémoire de la Dame Hatte,

Quel nouvel abus de lecture au fujet de ces miffives! Nous plaidons en 1765 fur l'état de deux enfans, fur la prétendue fuppreffion d'un troifiéme. On vous lit, Meffieurs, & l'on vous lit avec affectation des lettres de 1730, 1735. On vous en a lu auffi de poftérieures, toutes fur des torts généraux ou particuliers d'un mari & d'une parente, fur l'événement d'un mariage, & il femble à l'inattention que ces lettres foient relatives à la queftion de la Caufe. Cependant la Dame Hatte n'a jamais porté fes plaintes à la famille que fur le mariage de Mefdames fes filles, ou fur la féduction qu'elle imputoit à l'autre perfonne. Ce n'eft que fur ces objets que la famille dans tous les temps l'a confolée ; le filence, le défaut de lettres fur l'autre objet, fe réunit donc à nos faits pofitifs & poffeffoires.

Mais ces mariages ne font-ils pas par eux-mêmes des actes confervatoires de la même poffeffion ? Alliances contractées fur la foi publique, dots proportionnées au nombre des enfans, d'autres enfans enfin nés de ces mariages mêmes, le sieur Girardin de Vauvré & la Demoiselle de Vielsmaison. Disons plus, s'il m'est permis d'anticiper l'ordre des temps, ces petits enfans ont été ensuite mariés, la Demoiselle de Vielsmaison au Comte de Laval, le sieur Girardin à la fille d'un homme connu, Lieutenant Général des Armées du Roi, & dont il a aujourd'hui plusieurs en-fans.

Qu'est-ce donc, qu'est-ce dans l'ordre civil, qu'une possession semblable, aujourd'hui étendue à une troi-siéme génération, les deux filles, les petits-enfans, les arrieres-petits-enfans ! Si l'état réclamé est pré-cieux pour le Réclamant, l'état attaqué l'est-il moins pour cette famille nombreuse ? Sans doute que l'état civil & moral des hommes n'est pas seulement le bien de chaque Citoyen, il devient celui de toutes les branches de la parenté & des alliances. Voilà aussi en quoi la possession d'état tient à l'ordre public; & s'il n'est pas permis de donner à quelqu'un un fils, un frere, l'est-il, doit-il l'être de se donner à soi-même des aïeux, des oncles, des neveux, des cousins, & par une apparition soudaine, effrayer la societé entiere ?

Rentrons dans le sang froid de la discussion.

Après ces mariages, la Dame Hatte auroit-elle espé-ré de ramener son mari, soit à son égard, soit à l'égard d'un troisiéme enfant prétendu ? Le temps des orages s'avance, les temps où le caractere de timidité donné à une femme, où le caractere furieux prêté à un mari, vont se décider par des procedés & des procédures au milieu desquelles je dois suivre maintenant la possession pour ainsi dire d'année en année.

En 1737 defcente de la Dame Hatte chez fon mari, affiftée de deux Notaires. Eft-ce pour lui préfenter un fils ? Non, c'eft pour le fommer de la recevoir chez lui. Il exifte trois fommations de cette année, des 15, 17 & 18 Mai 1737.

En 1738, nouvelle fommation avec les mêmes Officiers ; demande expreffe portée en Juftice, à ce que le fieur Hatte foit tenu de la reprendre ; & que lit-on dans fa Requête ? Des plaintes d'avoir marié *deux filles fans la participation de la Suppliante*, mais non d'avoir fupprimé l'état d'un garçon.

En 1747, autre invafion avec une femblable efcorte. Sentence contradictoire qui déclare fa procédure nulle. Elle la recommence dans une meilleure forme, & la demande n'eft pas fuivie, parce que ces menaces de venir habiter avec le fieur Hatte, ont toujours dégénéré en négociations. Croyoit-elle avoir befoin d'argent, elle le fommoit de la recevoir ; & il payoit fa rançon. Mais comme on abufe de tout dans cette caufe, des faits, des Lettres, des procédures, pour y chercher des réconciliations, une conception, des reconnoiffances d'un enfant inconnu, on a ofé vous dire encore que ces fommes étoient données pour l'enfant, dont la naiffance eft placée en 1720.

L'année 1751 vient, Meffieurs, vous offrir une époque véritablement intéreffante ; car il n'y a jufques-là que trois Lettres rapportées, qui font du fieur Hatte de 1737, 1741 & 1746, & qui traitent d'objets indifférens, l'infolence d'un Domeftique, des complimens fur le rétabliffement de la fanté, des promeffes d'entretenir une correfpondance, quelques explications au fujet des deux filles mariées ; & parmi ces expreſſions d'une confiance plus ou moins ſincere de part & d'autre, rien de relatif à l'objet plus important. Mais en 1751, la Dame Hatte ſe diſpoſe à prendre une Requête civile contre l'Arrêt qui trente années auparavant l'avoit définitivement ſéparée de biens. Dans le Mémoire à conſulter mis ſous les yeux de ſes Conſeils, *ſon mariage a été ſuivi de la naiſſance de deux filles.* Dans les Lettres en forme de Requête civile, *deux enfans ſont provenus du mariage.* Dans le cours auſſi des Plaidoiries, deux Mémoires imprimés pour elle. Dans l'un, fait par M°. de la Monnoie ſon défenſeur, *la naiſſance de deux enfans dans les premieres années du mariage, ſembleroit annoncer que les commencemens en ont été heureux.* Dans l'autre, qui eſt ce Libelle annoncé : » On pour- » ra ſe plaindre, lit-on dès l'exorde, des traits dont » je ſerai forcée de caractériſer mes malheurs ; mais » on ne pourra m'imputer de m'être écartée de la » vérité *la plus exacte* dans la peinture que j'en vais » faire «. Ces malheurs, elle va donc les peindre, les peindre tous, & avec des traits tels *qu'on pourra s'en plaindre.* C'eſt là, c'eſt là qu'on a pris toutes les idées odieuſes répétées devant vous au ſujet de la ſé- duction qui portoit ſur l'eſprit & ſur le cœur. Avec quelle énergie ſur-tout la Dame Hatte, qui paroît y tenir la plume, qui y parle à la premiere perſonne, & qui l'a ſigné, avec quelle énergie ne reproche- t-elle pas à ſon mari d'avoir mis en Couvent & d'avoir marié ſes deux filles ? » Je trouvai, s'écrie-t-elle, mes » deux enfans *enlevés* de chez moi, & on pouſſa la » *barbarie* juſqu'à me cacher le lieu de leur retraite «.

Mettre ſes enfans en Couvent, c'eſt les lui *enlever;* lui cacher le lieu de leur retraite, c'eſt être *barbare;* les marier ſeul, c'eſt manquer à la fois à tous les devoirs. Voilà une mere, à ces traits qu'on la reconnoiſſe! Mais parmi des cris lamentables ſur tous ſes malheurs, elle oublie la ſuppreſſion d'état de celui qu'elle appelle ſon fils, & la paſſion qui en auroit mis le projet dans le cœur de ſon mari : & le fort de ce Libelle enfin, quel a-t-il été? Il eſt flétri, Meſſieurs, par l'Arrêt de 1752, qui en le ſupprimant, a débouté la Dame Hatte de ſa Requête civile. Ce n'eſt donc toujours qu'un jeu licencieux de l'imagination (pouvons-nous trop le répéter?) de donner en 1765 cette paſſion fatale pour motif d'un attentat en 1720.

En ce moment (c'eſt le moment du déſeſpoir) quelle va être la conduite vis-à-vis du mari? Dans la même année 1752, les ſommations extrajudiciaires reprennent leur cours. Exclue de la communauté par l'Arrêt de 1721, déboutée de ſa Requête civile par celui de 1752, convaincue par la ſuppreſſion de ſon Mémoire d'avoir calomnié ſon mari, la Dame Hatte veut encore venir s'établir chez lui. Sentence par défaut qui l'y autoriſe. Arrêt contradictoire en 1753 qui la condamne, après une Plaidoirie ſolemnelle de trois Audiences.

Telle eſt déja la poſſeſſion des deux enfans, ou vis-à-vis de leurs pere & mere conjointement, ou vis-à-vis de la mere ſeulement, lorſqu'elle agit ſeule, ou vis-à-vis du pere ſeul, lorſqu'il les marie, ou vis-à-vis encore de collatéraux qui ne connoiſſent que cet objet de plainte. Les deux filles vont encore être ſeules préſentes à l'eſprit de leur pere dans un teſtament olographe du mois de Juillet 1759.   Le

Le fieur Hatte y inftitue légataires univerfelles Mefdames de Vauvré & de Vielsmaifon *fes filles*. Comme fa famille réuniffoit alors deux petits enfans, il fait un legs d'un million au fieur Girardin de Vauvré; il en fait un femblable à la Demoifelle de Vielsmaifon; il les greve tous deux de fubftitution l'un envers l'autre; il les appelle aux fubftitutions dont il greve Mefdames fes filles. Eût-il donc été fi libéral envers deux petits enfans, s'il avoit cru avoir, qui? un mâle, lequel auroit eu d'abord tous les biens de Normandie, valant plus de quinze cent mille livres, outre le tiers du furplus de la fucceffion, car c'eft là le premier pas que ce troifiéme enfant feroit dans la famille, de rompre le teftament d'un pere qui auroit difpofé fans l'avoir connu.

Il eft temps, Meffieurs, que la fcène des troubles change: les agitations ont été jufqu'ici entre les Sieur & Dame Hatte foulevés l'un contre l'autre. Tant que fon mari a vécu, elle avoit confervé, répéte-t-elle fans ceffe, des efpérances de réconciliation. Elle craignoit auffi l'humeur d'un homme qui avoit menacé les jours de la mere & de l'enfant: ce mari meurt au mois d'Octobre 1759, va-t-elle refpecter fa mémoire? Va-t-elle refpecter des filles contre lefquelles elle n'a pas moins été irritée? Ne craignez pas que leur poffeffion d'état foit ébranlée.

A peine les yeux du fieur Hatte font-ils fermés, qu'un Commiffaire établi depuis trois jours aux environs de la maifon, dans un carroffe de place, paroît pour appofer les fcellés de la part de la veuve, en qualité de commune, & il faut plaider à l'inftant avec nos Parties. Requête de la Dame Hatte du 31 Janvier 1760, où elle dit, en parlant d'elle & de son mari, *de leur mariage sont issues Demoiselle Catherine & Demoiselle Louise Hatte leurs filles & héritieres.* Parle-t-elle dans la même Requête de chacune en particulier ? Elle les dit *héritieres chacune pour moitié.* Arrêt contre la mere, qui ordonne que ses Officiers se retireront des scellés, qu'il y sera procédé, ainsi qu'à l'inventaire, à la requête de *ses filles seules.* En conséquence les scellés se levent, l'inventaire se fait ; l'exécution du testament, la liquidation de la succession, les placemens nécessaires pour l'intérêt des substitutions fondées, tout se consomme entre les filles dans leurs qualités de *seules & uniques héritieres de leur pere.*

C'est peu, la Dame Hatte privée de la communauté, assigne au Châtelet les Dames ses filles, pour être condamnées à lui faire 50000 de rente : elle les assigne dans les mêmes qualités, & elle est déboutée. Il existe aussi des Requêtes, des exécutoires, des commandemens ; détails dont l'Audience n'est pas susceptible, mais qui seront remis sous les yeux de M. l'Avocat Général ; & dans toutes ces procédures postérieures au décès du mari, elle donne à ses filles, & ses filles prennent vis-à-vis d'elle le même titre de *seules filles, d'uniques héritieres du sieur Hatte.*

Parmi ces procédures postérieures au décès, il faut, Messieurs, distinguer une demande en cassation formée en 1760 par la Dame Hatte, contre Mesdames de Vauvré & de Vielsmaison, soit contre l'Arrêt de 1721, qui l'avoit séparée de biens, soit contre l'Arrêt de 1752, qui l'avoit déboutée de sa Requête civile.

A toutes les pages de l'Arrêt de caſſation, ce ſont toujours *deux filles provenues du mariage* : les reproches adreſſés à la mémoire du mari, ſont toujours de les avoir miſes en Couvent, & de les avoir mariées. Partout il eſt accuſé de dol, de fraude, de ſurpriſe : ce ſont les expreſſions de la veuve, relativement à la communauté, & nulle part une paſſion de jalouſie qui lui ait enlevé un troiſiéme enfant; tellement que le langage ou le ſilence dans les procès avec ſes filles, eſt conſtamment le même ſilence ou le même langage des procès ſoutenus contre le mari : genre de poſſeſſion qui n'eſt plus ſuſceptible d'accroiſſement, ſi ce n'eſt peut-être avec l'univerſalité de la famille des deux côtés.

En effet, voici quatre liaſſes d'avis de parens, d'alliés & d'amis ; quatre liaſſes de Sentences & d'Arrêts homologatifs, relativement à la liquidation de la ſucceſſion & des ſubſtitutions fondées. Ils atteſtent tous par leurs ſignatures qu'il n'y a que deux filles ; les parens, au nombre de douze, les alliés de treize, & les amis de treize encore, en tout quarante perſonnes, qui ont ſouſcrit dans un nombre innombrable d'actes, dont les premiers ſont de l'année 1760, qui a ſuivi celle du décès, & les autres des années poſtérieures, juſqu'à l'année derniere 1764 ; actes qui ont reçu un dernier ſceau, tant par l'Arrêt d'homologation du partage définitif de la ſucceſſion, que par l'enregiſtrement & la publication dans différens Tribunaux où les ſubſtitutions ont acquis aujourd'hui une notoriété publique par rapport à l'état de la famille des Sieur & Dame Hatte.

A la vérité, il eſt deux parens dont les noms ne ſe trouvent pas parmi les autres, M. de Chevigné, Conſeiller en la Cour, & le Sieur Miotte de Ravanne. S'ils n'ont rien ſigné, c'eſt qu'à l'ouverture de la ſucceſſion, ils ſont entrés en procès avec nos Parties; M. de Chevigné, par rapport aux droits d'un Fief; le Sieur de Ravannes, pour deux millions d'intérêts dans les Fermes qu'il leur demandoit; mais dans les procédures, le Sieur Miotte de Ravannes & M. de Chevigné leur donnent par-tout les mêmes qualités de ſeules & uniques héritieres.

Me permettriez-vous maintenant, Meſſieurs, de faire mouvoir ſous vos yeux ce tableau développé de la poſſeſſion d'une famille réduite à deux enfans, & qui réunit toutes les perſonnes ainſi que tous les temps?

Je dis d'abord les perſonnes. Ce tableau raſſemble les pere & mere, ou conjointement ou ſéparément, les aſcendans, les deux enfans légataires univerſels, les deux petits-enfans légataires particuliers, les alliances contractées, quarante parens, alliés, amis, & la foi publique dans l'enregiſtrement des ſubſtitutions.

J'ajoute que ce tableau enveloppe tous les temps, les années tranquilles du mariage, les troubles intérieurs & extérieurs de la ſéparation de corps & de deux ſéparations de biens, les temps des ſommations extrajudiciaires, des demandes portées en Juſtice, des Sentences, des Arrêts, des Requêtes civiles, des caſſations & des demandes à fin de penſion de 50000 francs. Il raſſemble les temps où la Dame Hatte ſe plaignoit de l'enlevement de ſes filles miſes en Couvent ou mariées, & où des parens la plaignoient;

ces temps où elle imprimoit des Libelles & des Mémoires plus chaftes, quarante - cinq années de combats du vivant de fon mari, cinq années depuis fon décès contre nos Parties, au Châtelet, aux Requêtes, en la Cour, au Confeil du Roi ; les temps enfin où elle dit qu'elle avoit quelque chofe à ménager, & ceux où elle ne ménageoit réellement rien. Eft-ce là une femme tremblante vis-à-vis un mari, une femme qui ait pu refpecter pendant quarante-cinq ans une volonté meurtriere, & peut-on faire un reproche aux deux enfans, fi c'eft leur main qui écarte ces voiles impofteurs, dans quelles circonftances? Lorfque le dernier trait de la vengeance perféverante va être de leur donner un frere.

Quel eft-il cet Ê T R E qui fe préfente ou qui eft préfenté ? Le contrafte de fa poffeffion & de fes titres perfonnels doit achever de remplir l'ordre que je me fuis prefcrit.

Il ne faut pas ici, Meffieurs, adopter les idées de prévention qu'il veut nous infpirer fur un état fupprimé. Il ne s'agit pas encore de l'état naturel qu'il dit avoir perdu, mais de l'état civil qu'il poffede, des actes conftitutifs & poffeffoires qui le lui affurent, & qui formeront fur cette même partie de mes travaux, une nouvelle barriere contre fa réclamation.

Ainfi peu importe que dans fa Requête introductive d'inftance du 24 Septembre dernier, il s'annonce fous le titre d'*Anonyme Hatte*. Hatte n'a jamais été civilement fon nom ; il n'a point de titre où il foit dit fils des Sieur & Dame Hatte ; il n'en a pas où il foit dit fils du fieur Hatte en particulier, & il n'en a pas en-

core où il foit dit particulierement fils de la Demoifelle Miotte, femme du fieur Hatte. *Anonyme*, eft-ce
férieufement qu'il s'eft enveloppé de ce nuage? Igno-
roit-il, au 24 Septembre, s'il avoit été régénéré par
les Eaux du Baptême, ou prétendoit-il nous le laiffer
ignorer? C'eft, dis-je, ce qu'il nous importe peu de
rechercher; mais ce qui importe, c'eft qu'il n'a pas
d'abord de titre pour les qualités *d'Anonyme Hatte*,
fous lefquelles il procede devant vous.

Sa poffeffion dans la famille? Il n'en a pas dans
une maifon commune, puifque les Sieur & Dame
Hatte ont été féparés de fait & d'habitation depuis
1718, jufqu'au décès du mari en 1759. Il n'en a jamais eu dans la maifon du mari; il n'en pas même
acquis dans celle de la Dame Hatte, puifque fuivant
les faits qu'il articule, ce ne feroit qu'en 1757 que la
Dame Hatte lui auroit avoué qu'elle étoit fa mere;
enforte qu'il avoit 37 années lorfque la métamorphofe
s'eft operée, non pas encore pour le public, mais pour
lui-même: défaut de poffeffion de 37 années, qui fe
joint au défaut de titre, & même de fon aveu.

Mais s'il n'eft pas Hatte par titre & par poffeffion,
qu'a-t-il été jufqu'à l'inftant où il s'eft déterminé à le
devenir?

Il a, ainfi que tout Citoyen, un titre, qui eft un
acte de Baptême. S'il éleve des doutes, nous les
difcuterons fur la fuppofition d'état prétendue; quant
à préfent il faut, ou que ce foit le fien, ou qu'il n'en
ait aucun. Si ce n'étoit pas le fien, que feroit-ce que
fa perfonne? Etre ifolé, qui certain feulement d'une
exiftence naturelle, ne tiendroit à aucune famille, à

aucun pays, à aucun dogme, qui ignoreroit s'il eſt fils légitime, enfant de l'Egliſe, & même notre Conci-toyen. Si au contraire l'acte légal qu'il rapporte eſt le ſien, dans ce cas il eſt nommé, par ſon titre conſtitu-tif, *Charles-Joſeph de Rougemont, fils d'Etienne de Rou-gemont, Officier, & de Jeanne Morel ſa femme, demeu-rans cul-de-ſac de Saint Pierre, & baptiſé à Saint Euſtache le 17 Août 1720* : donc auſſi le ſoi-diſant Anonyme Hatte a un acte conſtitutif d'un autre état, & d'un état étranger à la famille dont il prend pour la premiere fois le nom.

N'a-t-il pas auſſi une poſſeſſion ? Ce ne ſeroit pas à nous à en donner les preuves. Cependant dès 1728, (il avoit 8 ans alors) ce même acte baptiſtaire a été levé pour ſes intérêts. Que dans ſon enfance il ait été nommé Poupon, c'eſt un nom enfantin que l'uſage a conſacré. Que dans une penſion, que dans un College, il ait porté les noms de la Rivierre & de Corrigé, ou ſéparés ou réunis, qu'il y ait, ou qu'il n'y ait pas mê-me d'identité entre l'enfant du College ou de la pen-ſion, & l'enfant baptiſé en 1720, peu importe en-core, car au moins en 1738, c'eſt-à-dire à l'âge de 18 ans, à cet âge de la pleine puberté, il a pris, de ſon aveu auſſi, le nom de Rougemont, écrit dans l'acte de 1720, & levé dès 1728. Il l'a conſervé ce nom juſqu'à ſa majorité ; il l'a adopté depuis dans l'âge mûr, à l'âge où l'on a ſecoué les impreſſions étran-geres, où l'on exiſte par ſoi-même, où l'on prend date dans le monde & dans la croyance publique.

N'eſt-ce pas même ſous ce nom qu'il eſt entré au ſer-vice, qu'il s'y eſt avancé, qu'il s'y eſt ſoutenu ? Voici la note du Bureau de la Guerre, avec une Lettre d'envoi du premier Commis à un Maréchal Miniſtre : note circonſtanciée ſur les grades par leſquels il a paſſé, que porte-t-elle ?

M. de Rougemont , actuellement premier Capitaine Fac-tionnaire du Régiment Infanterie de Languedoc , a été fait ſous ce même nom ,

» Lieutenant en ſecond dans le Régiment d'Infan-
» terie d'Aunis le 12 Août 1740.

» Lieutenant en ſecond des Grenadiers le 19 Fé-
» vrier 1741.

» Enſeigne le 19 Juillet ſuivant.

» Lieutenant le 12 Mai 1742.

» Lieutenant de la Compagnie Colonelle le 4 Avril
» 1743.

» Il a eu en cette qualité le rang de Capitaine par
» commiſſion du 29 Octobre 1746.

» Pourvu d'une Compagnie par Lettres du Roi du
» 17 Août 1747.

» Il a paſſé dans le Régiment de Languedoc avec
» le Régiment d'Aunis , qui y a été incorporé , le pre-
» mier Avril 1749.

» Il eſt déſigné par un état envoyé en 1752 des Of-
» ficiers dudit Régiment ſous les noms de Charles-Jo-
» ſeph de Rougemont, né à Paris en 1720.

Ajoutons que c'eſt ſous le même nom qu'il a ob-tenu la croix de l'Ordre de Saint Louis, qu'il a prêté ſerment lors de ſa réception , & dans la même an-née 1757 , où il convient que la Dame Hatte lui a déclaré qu'elle étoit ſa mere. C'eſt donc depuis 1728 , date d'un extrait baptiſtaire , levé pour lui en cette année , une poſſeſſion conſtante , ſuivie , & non in-

terrompue

terrompue du nom & de l'état civil de *Charles-Joseph de Rougemont*, possession qui se rejoint à l'acte légal de 1720.

Eh ! dans combien de circonstances de sa vie n'aura-t-il pas fait usage de sa possession & de son titre ? Il doit avoir présens à la mémoire une foule de faits, d'opérations, d'engagemens de toute espéce, peut-être de legs, de donations, peut-être de successions recueillies, dont il ne nous instruit pas, mais qui seroient autant d'actes confirmatifs.

Et pour en donner des exemples, n'a-t-il pas placé en 1750, 1600 liv. de rentes viageres à la Compagnie des Indes ? Cet extrait baptistaire de 1720, levé en 1728, ne l'a-t-il pas fait annexer personnellement à la minute du contrat, suivant le compulsoire que nous avons fait rediger ?

En 1761 il passe pardevant Notaires un bail de la maison qu'il occupe actuellement rue de Condé ; & dans ce bail, c'est Charles-Joseph de Rougemont, *Chevalier*, Capitaine au Régiment de Languedoc, & Chevalier de l'Ordre de S. Louis. Ce titre sur-tout de *Chevalier* qu'il prend d'abord seul & isolé, ce titre de *Chevalier* qui est différent de celui de Chevalier de l'Ordre qu'il prend ensuite, ce titre de *Chevalier* qu'il est sans doute dans l'habitude de prendre, on ne doit pas croire qu'il l'ait usurpé, & l'on doit penser au contraire qu'il est fondé sur ce que l'acte de Baptême de 1720 qualifie *Officier* Etienne de Rougemont son pere.

En 1762, depuis la mort du sieur Hatte, il place 4000 de rente à la dixiéme tontine, cinquiéme classe, sous les mêmes noms de Charles-Joseph de Rougemont, fils d'Etienne de Rougemont, Officier, & de Jeanne Morel sa femme, baptisé, est-il dit, à Saint Euftache le 17 Août 1720. Sous ces noms propres & de baptême, immatriculé chez le Payeur, enregiftré chez le Syndic, porté sur les Regiftres de l'Hôtel-de-Ville, il a donc contracté ainfi dans tous les temps avec le Prince, avec fes Miniftres, avec fes Compagnons de hafard & de gloire, avec nous fes concitoyens.

Mais depuis 1757 qu'il eft avoué que la Dame Hatte s'eft fait connoître à lui, pourquoi donc, Meffieurs, ne s'eft-il pas préfenté à un pere auprès duquel il avoit tant de titres de recommandation, s'il n'avoit pas le titre légal ? Il auroit craint auffi, a-t-il dit, de lui porter le coup de la mort. Ce coup a été frappé, & fi fa confcience le nommoit fils, que n'a-t-il marché vers la pompe funebre dans le rang des gendres, maris des deux filles ? A-t-il craint l'éclat ? Les formalités d'un fcellé & d'un inventaire font plus tranquilles. Les Officiers appelés par la Dame Hatte pour l'intérêt de fa communauté avoient été exclus par Arrêt, c'étoit un motif pour en faire paroître en fon nom : mais non, lui & la Dame Hatte ont laiffé opérer les deux enfans, les appelés aux fubftitutions, avec le concours des deux familles. Ce n'eft qu'après une confommation intégrale ; c'eft après que le fieur Hatte n'eft plus, c'eft cinq années après fa mort, après que la Dame Hatte a été déboutée de fa demande, en caffation de vos Arrêts, & d'une demande de 50000 livres de penfion, qu'elle vient dire à fes enfans, à fes petits-enfans, à fes arrieres petits-enfans, & à des alliés, voilà mon fils, votre frere, votre oncle, votre grand-oncle, votre cousin, tellement que si l'une ou l'autre des deux dernieres demandes, ou la pension, ou la cassation des Arrêts avoit réussi, la famille, ni nous, Messieurs, ni vous-mêmes, n'aurions été importunés de cette question d'état, la plus hardie peut-être qui se soit jamais élevée contre la foi publique, puisque tous les obstacles possibles sont à la fois réunis. Le premier, que la famille a titre & possession d'un état réduit à deux filles ; le second, qu'il n'a avec elle ni possession, ni titres ; le troisiéme, qu'il a lui-même titre & possession contraires.

Voilà, Messieurs, le premier ordre de faits, communs à nos Parties, & à leur adversaire : faits déja disposés à recevoir l'application d'un ordre de moyens.

MOYENS.

L'état des hommes qui ont vêcu, qui vivent encore, qui sont destinés à naître, a dû sans doute être gouverné par des régles uniformes. Que dans cette foule, quelques-uns se croyant affranchis de la Loi commune, ayent été repoussés par l'autorité des Tribunaux ; en supposant même l'erreur des Jugemens, seroit-ce donc un malheur public ?

Ces événemens sont rares, & les prétextes qui mettent un Citoyen dans le cas de réclamer, quels qu'ils soient, sortent du cours ordinaire des choses humaines. Au contraire le succès, même fondé d'un seul réclamant, outre le préjudice qu'il cause à des adversaires directs, outre le trouble plus général qu'il porte dans une famille ; outre qu'il éveille encore des paſſions injuſtes par l'attrait d'un exemple juſte en lui-même, ce ſuccès fait au moins violence à des régles univerſellement établies.

C'eſt delà, Meſſieurs, que dans ces affaires privées, l'intérêt public prend toujours le ton en faveur de la famille attaquée, puiſqu'il n'eſt point de famille qui ne puiſſe l'être, ſi ſes titres & ſa poſſeſſion, ſi la poſſeſſion & les titres de l'étranger ne forment plus des barrieres inſurmontables. Or, cet intérêt public a été particulierement l'objet des Loix publiées ſur l'état des hommes ; & l'enfant qui naît dans l'ordre de la nature, quel eſt-il enfin dans l'ordre de la Loi ?

Avant les Loix écrites, il exiſtoit en faveur de la filiation un genre de preuves plus naturel encore que les ſolemnités qu'elles ont preſcrites. Avoir été reçu en naiſſant dans la maiſon de ſes pere & mere, avoir été élevé ſous leurs yeux & par leurs ſoins, être connu dans leur famille, pouvoir ſe rendre témoignage & le rendre aux autres des noms qu'on a toujours portés, ç'a toujours été une preuve naturelle, & de la filiation, & de la légitimité. Pourquoi en effet deux perſonnes unies par un lien honorable, auroient-elles refuſé à l'enfant né de leur union les ſentimens & les ſoins auxquels les ſentimens engagent ? Pourquoi auroient elles prodigué au contraire ces ſoins & ces ſentimens à des étrangers ? Si les paſſions ont des intérêts perſonnels, les paſſions ne conduiſent pas l'ordre général ; & dans cet ordre univerſel, ſommes-nous plus aſſurés aujourd'hui par nos actes de baptême, d'être enfans de nos peres & de nos meres ; que nous ne le sommes par la possession acquise dans leur famille ?

Cependant à cette preuve ancienne, naturelle, universelle, la Loi politique a crû devoir ajouter l'authenticité des Regiftres, pour conftater l'inftant même de la naissance des Citoyens. A Rome, les Regiftres de naissances étoient confervés dans un Temple augufte *. D'autres depôts étoient établis dans les Provinces de l'Empire. Parmi nous, les Ordonnances anciennes & nouvelles ont fait de l'acte qui donne un enfant à l'Eglife, l'acte auffi qui attefte la filiation : & le Miniftre de la Religion eft en cette partie le Miniftre de la Loi civile.

Ainfi la poffeffion eft une preuve autorifée par la raifon & par l'expérience, & les Regiftres authentiques font la preuve de la Loi. C'eft de la réunion de ces deux genres de preuves, c'eft du défaut de toutes deux, ou feulement du défaut de l'une, que dépend le plus ou le moins de certitude de l'état civil des hommes. Il faut le démontrer par trois hypothèfes déja connues dans les queftions d'état *.

En premier lieu, un enfant a été baptifé fous le nom de deux conjoints. Elevé auffi par leurs foins, il les a toujours appelés du nom de pere & de mere, il a toujours été appelé leur fils par eux, par la famille, & par toutes les perfonnes qui y entretenoient des relations. Son état pourroit-il lui être contefté ? Pourroit-il perfonnellement l'abdiquer pour en revêtir un autre ? On ne croit pas même que la queftion, foit

* Le Temple de Saturne.

* Mémoire de Me. Cochin contre la Dame de Bruix.

jamais née dans cette premiere hypothèfe, celle de la réunion du titre & de la poffeffion.

En fecond lieu, fuppofons l'exiftence d'un acte baptiftaire, où un enfant eft dénommé; mais que depuis l'acte perfonne n'ait eu de poffeffion vis-à-vis les pere & mere. Un inconnu s'annonce, il réclame le titre qu'il trouve exiftant : s'il peut s'élever une queftion férieufe, c'eft une queftion d'identité, celle de favoir fi la perfonne qui réclame le titre eft véritablement la perfonne dénommée dans l'acte de la Loi.

En troifiéme lieu, qu'un réclamant n'ait dans les Regiftres aucun acte conftitutif de l'état auquel il afpire, qu'il n'ait jamais poffedé en cette qualité dans la famille, quel fera fon fort ? Quel fera-t-il, s'il a de plus une poffeffion & un titre légal contraires, & fi la famille encore dans laquelle il veut entrer a une poffeffion & des titres exclufifs de tout autre enfant ?

Cette troifiéme hypothèfe, celle à la fois du défaut de titre & de poffeffion, du titre & de la poffeffion contraires, tant de la part du réclamant que de la part d'une famille entiere, n'eft pas, Meffieurs, une queftion nouvelle. Si elle l'étoit, peut-être me croirois-je obligé, en me livrant à l'abondance & aux écarts du raifonnement, de remonter à une Jurifprudence toujours confultée parmi nous, & de redefcendre enfuite aux Loix nationales. Mais après tant d'actions célèbres, où les plus grands intérêts ont été agités, après les travaux de Jurifconfultes, qui ont épuifé les recherches, des Orateurs qui les ont employées, des perfonages les plus importans du Miniftere public qui y ont ajouté encore, après les méditations profondes des Magiſtrats qui vous ont précédés, après les vôtres, Meſſieurs, eſt-il donc vrai que tant d'oracles prononcés laiſſent une carriere libre aux réclamans & au zèle de leurs défenſeurs? Eſt-il vrai que de tant d'eſpéces particulieres, il ne réſulte aucun principe qu'on puiſſe regarder aujourd'hui comme principe fondamental de la matiere?

Non, Meſſieurs, & les principes que j'appelle fondamentaux, c'eſt que perſonne ne peut être admis ni à une réclamation actuelle, ni ſubſidiairement à une preuve teſtimoniale, lorſqu'il eſt placé dans la troiſiéme hypothèſe que j'ai établie contre l'Anonyme dans les faits. Je dis que c'eſt aujourd'hui un droit poſitif formé au milieu des eſpéces différentes. Je ſoutiens même que le poſitif de ce droit a acquis une notoriété telle qu'elle eſt également connue, & de ceux qui ſont inſtruits de nos affaires, & de ceux mêmes qui les ignorent. Voilà auſſi par où je prétends me diſpenſer de tout autre détail. Ce n'eſt, encore une fois, qu'un point de fait de Juriſprudence poſitive à diſcuter; ſavoir, que dans les eſpéces que j'annonce, les réclamans & les familles inquiétées étoient les uns vis-à-vis des autres dans les circonſtances préciſes où l'Anonyme ſe retrouve au milieu de nous : & parmi ces eſpeces auxquelles je me borne, la Maiſon connue de la Ferté va nous fournir la premiere.

En effet, la Dame de Bruix, qui n'étoit pas une perſonne obſcure, puiſqu'elle étoit femme d'un Lieutenant Colonel réformé à la ſuite de la garniſon de Bayonne, la Dame de Bruix réclamoit l'état de fille du Marquis & de la Marquiſe de la Ferté; mais elle avoit été baptifée comme fille de *Guillaume de la Salle & d'An-toinette Barriere fa femme*, ainfi que notre adverfaire eft déclaré fils d'*Etienne de Rougemont*, Officier, *& de Jeanne Morel ;* & dans plufieurs actes auffi paffés avant & depuis fa majorité, la Dame de Bruix avoit adopté les mêmes noms. Delà point de titres, & des titres contraires à l'état de la famille qu'elle attaquoit.

A l'égard de la poffeffion, il faut l'avouer, la Dame de Bruix s'offroit avec toute forte d'avantage. Elle avoit été élevée pendant plufieurs années dans l'inté-rieur de la maifon commune à ceux qu'elle regardoit comme fes pere & mere, favoir au Palais Royal, où les Sieur & Dame de la Ferté avoient conftamment ha-bité enfemble. De plus, une éducation diftinguée, la table de la Marquife de la Ferté, jouant & tenant fon jeu, & inftruite par des Maîtres dans tous les talens convenables à fon fexe. De plus auffi des bienfaits confidérables, une rente viagere de 1000 livres conf-tituée fur fa tête, une donation de 100000 francs, des lettres où le fentiment maternel tranfpiroit de toutes parts. C'étoit autant de commencemens de preu-ves qu'elle rapportoit & qu'elle demandoit à perfec-tionner par la preuve teftimoniale.

Dix années après, femblable réclamation de la part d'une Demoifelle Virgine, dont l'acte de Baptême la nommoit *Charlotte, fille de Louis de Saint-Maixance, Ecuyer, Sieur de la Boulaye, Capitaine de Dragons, & de Charlotte de Longpré fa femme.* La fingularité de ces noms confiftoit principalement en ce que *Charlotte* étoit le nom de Baptême de la Dame de la Ferté, que fon mari étoit originaire de *Saint-Maixant* en Poitou,

&

& qu'il y poffédoit le Fief de *la Boulaye*. Si la Demoifelle Virgine n'avoit pas été élevée perfévéremment
au Palais Royal, de même que la Dame de Bruix, elle
avoit reçu fon éducation dans des Couvens, aux dépens
& par les foins de la Dame de la Ferté. Elle rapportoit
encore un traité fur fon état, fuivant lequel une rente
viagere devoit être augmentée ou anéantie dans le cas
où elle réclameroit, ou ne réclameroit pas.

Toutes deux articuloient le fait précis de l'accouchement, de leur naiffance, & d'une longue fuite de
traitemens. La Dame de Bruix demandoit par des conclufions expreffes, *qu'on fût tenu de la reconnoître pour
fille du feu Marquis de la Ferté & de la Dame fa femme,
alors Dame de Bouteville*, que *fon extrait baptiftaire &
tous autres actes où le nom de la Salle lui étoit donné, feroient réformés, & qu'au lieu du nom de la Salle, celui de
la Ferté-Senneterre y feroit employé*. La Demoifelle Virgine avoit pris des Lettres de refcifion tant contre fon
acte de Baptême, que contre des actes pofterieurs.

Les premiers Juges avoient donné deux fois dans
l'illufion de la preuve teftimoniale. La Dame de Bruix
y avoit été admife, & le premier Arrêt en infirmant la
Sentence l'en débouta. La Demoifelle Virgine admife
également dix années après, fut également déboutée
par l'infirmation du Jugement. Qu'on nous indique
donc une différence de notre efpece avec ces deux efpeces, & s'il n'en eft aucune, qu'on reconnoiffe notre
principe général, favoir que le défaut de titres, que le
défaut de poffeffion, que la poffeffion & les actes contraires ont prévalu contre l'articulation des faits.

Si nous remontons, Meffieurs, quelques années plus

haut, un jeune homme avoit été baptifé comme fils de Louis J. B. *Marin*, *Seigneur de la Coudraye*, Capitaine de Cavalerie, & *de Marie-Elifabeth de la Riviere*. Il fe prétendit fils du Marquis & de la Marquife de Sazilly. Il rapporta même dans les dernieres Audiences une lettre qui paroiffoit ancienne, où la Marquife de Sazilly (elle conteftoit alors) avoit précédemment recommandé le plus grand fecret à fon égard. Les Juges de Chinon avoient admis encore la preuve des faits articulés, l'enquête même avoit été faite, & la maternité y étoit conftante. Par votre Arrêt cette enquête a été anéantie, non pas que la preuve faite ait été regardée comme infuffifante, car dans ce cas vous vous feriez contentés de confirmer la Sentence qui l'avoit ordonnée, fauf aux premiers Juges à décider par le mérite de la preuve; mais vous l'avez anéantie, parce que le genre de preuves acquifes auroit été deftructif de la preuve légale faite par l'acte baptiftaire.

Dans d'autres temps, votre Jurifprudence fut beaucoup plus févere.

Un homme dont l'acte de baptême le difoit fils de Joublot, demandoit à être reconnu fils des Sieur & Dame Marfault. Sa preuve avoit été faite, non par voie d'enquête, mais par voie d'information. Sa maraine avoit dépofé de tous les faits circonftanciés de fa naiffance & de fon éducation. M. Talon s'expliquant fur la nature d'une pareille preuve, difoit : » Que la feule » preuve par témoins n'étoit pas fuffifante dans les « queftions d'état, que les difpofitions de droit en » avoient été rapportées qui étoient précifes & for- » melles, que fi cette voie étoit admife, elle feroit » d'une conféquence infinie dans le public ; qu'il n'y

» auroit plus de sûreté dans les familles , que les plus
» sages Peuples de la Terre ont voulu qu'il y eut des
» témoignages publics de la naissance des enfans ; « &
par l'Arrêt du 12 Janvier 1686 qui déclara nulle la procédure , défenses furent faites à Joublot de se dire fils
des S^r & Dame Marsault, *à peine de punition exemplaire.*

La peine, cette peine attachée à l'usurpation, avoit été
plus aggravée encore dans un autre Arrêt de 1657, qui
condamna Georges de la Croix , *à comparoître en personne*
dans la Chambre en présence de M. de la Porte , dont il se
disoit fils, où il déclareroit que témérairement & sans preuves
il s'étoit dit son fils, quoi qu'il demandât à prouver, *que*
pendant trente ans M. de la Porte l'avoit fait nourrir & élever
comme son fils , qu'il avoit donné ordre à son valet de cham-
bre , lorsque l'Appelant étoit à Rouen, de payer les pensions
pour ses études, qu'il avoit écrit aux Peres de Rouen de
prendre soin de son éducation , offrant de faire entendre les
domestiques, des personnes de condition, des Conseil-
lers de Rouen, *& autres à qui M. de la Porte avoit écrit &*
parlé de lui comme de son fils. Que disoit ici le Magistrat
dont je viens de produire le témoignage ? » Que comme
» l'état & la naissance ne se peuvent vérifier par
» témoins, mais seulement par titres, pour lors à l'é-
» gard de celui qui se prétend d'une condition dont
» il ne rapporte pas de titres, ne pouvant prouver son
» état par témoins , sa prétention passe pour une im-
» posture & pour une usurpation , qui sont le crime
» pour lequel il peut être poursuivi: « ce qui prouve
aussi que la qualité des témoins, même constitués en
dignité, n'entre point en considération aux yeux des
Loix , qui ne considerent que la nature de la preuve
demandée.   E ij

Faut-il rappeler un fixiéme Arrêt du 7 Mars 1641; rapporté par Soëfve, où une fille baptifée fous le nom de *Marie Damitié*, fe prétendoit fœur d'Elifabeth & de Marie Rouffel; Arrêt qui eft le premier de ceux où M. Talon a fondé le principe de l'inadmiffibilité de la preuve teftimoniale, en foutenant *comme une maxime, indubitable, qu'il étoit de périlleufe conféquence d'admettre cette preuve, parce qu'il feroit facile à toute forte de perfonnes de fe dire de quelle famille il leur plairoit, d'où pourroient naître de grands inconvéniens;* conclufions dignes d'être refpectées, & fur lefquelles Marie Damitié fut déboutée de fa demande.

Combien de préjugés antérieurs ou poftérieurs ne pourrois-je pas accumuler, & que j'ai même détaillés devant les premiers Juges, multitude de préjugés qu'on peut ranger dans trois claffes : les uns qui ont débouté de la preuve demandée directement en la Cour, c'eft le dernier Arrêt de Marie Damitié; les autres qui ont infirmé des Jugemens qui l'avoient ordonnée, ce font ceux de la Dame de Bruix & de la D^lle Virgine; les autres, ceux de Marfault & de Sazilly, qui ont anéanti la preuve faite par enquêtes ou par informations.

Quel eft donc, Meffieurs, l'efprit d'une Jurifprudence auffi conftante? Elle ne nous eft pas particuliere, & nous l'avons puifée dans les Loix Romaines.

En effet, fi l'une de ces Loix, de celles qu'on m'a oppofées, prononce que la perte des Regiftres n'entraîne pas la perte de l'état du Citoyen, *natali profeffione perditâ ftatum tuum mutilatum non effe certi juris eft :* Si une autre Loi ajoute que l'état ne reçoit pas d'atteinte d'une énonciation erronée, *non lædi ftatum liberorum ob tenorem inftrumenti male con-*

cepti : Si une troifiéme dit encore que la falfification ex⌐
preffe n'atténue pas la vérité, *nec falfæ fimulatio verita⌐
tem minuit*, aucune de ces Loix ne dit, ne prononce que
le remede contre la perte, l'erreur ou la falfification des
Regiſtres, foit la preuve teſtimoiale ; & il en eſt deux
qui décident textuellement le contraire. *Soli enim teſ-
tes ad ingenuitatis probationem non fufficiunt.* Loi 2, au
Code *de teſtibus. Probationes quæ de filiis dantur non in
folâ affirmatione teſtium confiſtunt.* Loi 24, au ff. *de probat.*

C'eſt auſſi le texte de ces Loix, Meſſieurs, qui a été
inféré dans nos Ordonnances, & entr'autres dans celle
de 1667, dont l'art. 7, tit. 20, veut impérieufement que
*les preuves de l'âge, des mariages & du temps du décès foient
reçues par des Regiſtres en bonne forme, qui feront foi &
preuve en Juſtice.* Donc la preuve des Regiſtres eſt celle à
laquelle la Loi fe réfere, les Regiſtres font donc établis
comme la preuve légale ; *feront foi & preuve en Juſtice.* A
l'égard de la preuve teſtimoniale, fi la même Ordonnance lui donne quelque autorité dans l'art. 14, c'eſt en la
limitant à deux cas : *fi les Regiſtres font perdus, ou qu'il
n'y en ait jamais eu, la preuve en fera reçue tant par titres
que par témoins, & en l'un & l'autre cas* (de la perte ou
de défaut de Regiſtres) *les baptêmes, mariages & fépul-
tures pourront être juſtifiés, tant par les Regiſtres & papiers
domeſtiques des pere & mere décédés, que par témoins.* Mais
ici, il y a des Regiſtres, ils ne font pas perdus, c'eſt-
là que repofent nos actes baptiſtaires ; là repofe auſſi
l'acte légal de celui qui prend le voile de l'Anonyme ;
là il a deux noms de baptême, *Charles-Jofeph,* il a un
nom propre, *de Rougemont, fils d'Etienne de Rougemont
& de Jeanne Morel.* La preuve qu'il demande à faire eſt
contre une preuve déja faite, ce feroit une preuve vo-

cale contre une preuve écrite, & une preuve illégale contre la preuve légale.

Je dois en effet, Messieurs, le demander ici au sieur de Rougemont : Que quelqu'un l'eût gratifié d'un legs ou d'une donation considérable, que les héritiers de son bienfaiteur contestassent par le moyen d'incapacité, en lui reprochant d'être le fils naturel de celui qui lui auroit donné ; avec quel avantage ne repousseroit-il pas l'offense par les actes constitutifs & possessoires de son état ? Les Loix publiques prendroient alors sa défense : les mêmes Loix s'élevent donc également contre lui, parce qu'étant des Loix générales, elles sont uniformes pour l'état des Citoyens.

Que contre les textes de nos Ordonnances, on prétende qua la preuve testimoniale n'y est pas expressément interdite, qu'on rassemble des interprétations, des suffrages mêmes respectés, tout cela peut être ; mais toutes ces distinctions ont été épuisées lors des derniers Arrêts, & vous avez définitivement exclu la preuve testimoniale dans la troisiéme hypothèse, qui est celle de la cause actuelle, en la réservant seulement pour l'hypothèse de l'identité, lorsqu'il ne s'agit que d'appliquer un titre légal existant à un Réclamant qui n'a pas de possession.

En cet état, qu'oppose-t-on au principe que je soutiens être aujourd'hui de droit positif, d'après les monumens de votre Jurisprudence ?

En premier lieu, que le Ministre rédacteur des actes de Baptême, témoin passif qui ne fait qu'écrire ce qu'on lui dicte, n'est garant de rien, sur-tout lorsque, comme dans notre espece, le pere est dit absent, & lorsque ce sont deux enfans âgés de huit &

de dix ans qui ont figné l'acte de Baptême.

Outre que l'Ordonnance n'exige pas la préfence du pere, outre qu'elle ne prefcrit rien fur l'âge des témoins baptiftaires, je répondrai toujours par le pofitif de cette Jurifprudence même. Dans la double affaire de la Maifon de la Ferté, les peres étoient dits *abfens*, la Dame de Bruix & la Demoifelle Virgine s'en autorifoient, on peut le voir dans leurs Mémoires. Et quelle étoit dans la premiere de ces affaires, la réponfe de l'Orateur Jurifconfulte qui a aidé au développement de ce point de Droit public, qu'elle étoit fa réponfe fur le reproche de *témoin paffif*, fait aux miniftres de l'Eglife? » Si c'eft un malheur, difoit M^e. Cochin, atta-» ché à la condition humaine, il faut dans l'incertitude » néceffaire où elle eft plongée, fe fixer à des regles » certaines qui conduifent le plus ordinairement à la » vérité, qui du moins entretiennent l'ordre & la paix ; » avantages plus précieux pour la fociété en général, » que la recherche d'une vérité obfcure ne peut l'être » pour l'intérêt de quelques Particuliers. « Le même inconvénient des Regiftres a été réfuté d'un ton fupérieur encore par ce Magiftrat, par ce Chef de la Magiftrature & de la Légiflation, M. Dagueffeau, dans fon 47e. Plaidoyer. » Qu'on renverfe cette preuve, » (celle des actes de Baptême) tous les fondemens » de la fociété civile font ébranlés, il n'y a plus rien » de certain fi l'on retranche cet argument. Qu'on » dife tant qu'on voudra que ce principe eft douteux, » que rien n'eft plus facile à altérer, à diffimuler, à » changer même que le contenu d'un extrait baptiftaire, » toutes ces réflexions font juftes ; mais quelque dou-» teufe que puiffe être cette preuve, tout fera encore

» plus douteux , fi on ne l'admet pas ; fi on la rejette ;
» fans des preuves convaincantes de fauffeté.

Or quelles feroient ici les preuves de la fauffeté de
l'acte baptiftaire de 1720 ? Quoi ! le fait fuppofé de la
maternité de la Dame Hatte , fait que la Loi ne voit
pas , qu'elle ne doit & qu'elle ne veut pas voir , nous
le prouverons dans la fuite. Eft-ce auffi parce que deux
enfans ont été parrain & marraine ? Si l'âge eft prouvé
pour l'un , il ne l'eft pas pour l'autre ; & combien
d'actes de Baptême où des enfans rempliffent le même
miniftere , où ce miniftere eft rempli par des perfonnes
qui ne favent pas même figner ! Mais des enfans , par
cela même qu'ils font enfans , ne font pas cenfés parler
avec l'ignorance attachée à leur âge , & ce ne peut être
que des perfonnes très-inftruites qui leur auront donné
les détails de *Claude-Jofeph de Rougemont , fils d'Etienne
de Rougemont , Officier , & de Jeanne Morel fa femme ,
demeurans cul-de-fac de Saint Pierre.* Dans les affaires
de Bruix , Virgine , Sazilly , n'étoit-ce pas deux Domeftiques de l'Accoucheur , & un Cocher ? Dans une
autre , c'étoit des Mendians pris à l'Eglife , perfonnes
plus ou moins fufpectes , on s'en prévaloit encore pour
demander la réformation des actes de Baptême , par
des conclufions précifes , comme nous l'avons déja dit :
& vous n'y avez eu , Meffieurs , aucun égard. Mais enfin
on ne trouve pas Etienne de Rougemont dans les Regiftres de la Capitation : allégation frivole , puifqu'entre
une foule de raifons qui fe préfentent pour réponfe ,
fa qualité d'Officier fuffiroit , s'il payoit en Cour ou
ailleurs , fuivant l'ufage ; & puifque la Demoifelle Virgine oppofoit encore que le nom de la Coudraye ,

Capitaine

Capitaine de Cavalerie, son pere, ne se trouvoit pas dans les Regiſtres du Bureau de la Guerre. Ecartons donc, & par le poſitif seul de vos Arrêts, ce lieu commun toujours oppoſé ſur la facilité à altérer le titre légal.

En ſecond lieu, dit-on, mais les enfans ſeront ſans défenſe contre l'injuſtice de leurs pere & mere, dans un temps où ils ne peuvent ſe défendre eux-mêmes. Il n'y aura donc jamais de réclamation d'état, ſi l'altération des extraits baptiſtaires ne peut être oppoſée, tandis que c'eſt préciſément dans le cas du défaut de titre & de poſſeſſion que les queſtions doivent s'élever.

» Ecartons auſſi, répondoit encore M^e. Cochin à la » Dame de Bruix, ces idees générales ſur le danger au- » quel ſont expoſés les enfans au moment de leur naiſſan- » ce. Si les pere & mere ſont unis, quel motif peut jamais » les porter à ſacrifier un enfant qui leur eſt cher? S'ils » ſont diviſés, les attentats de l'un trouveront toujours » dans la tendreſſe de l'autre des obſtacles inſurmon- » tables. « Que d'obſtacles en effet le ſieur Hatte n'auroit-il pas rencontrés de la part d'une femme qui l'a perſécuté & deshonnoré toute ſa vie!

Ce n'eſt toujours, Meſſieurs, & je ſuis contraint de vous le faire remarquer, ce ne ſont que des moyens proſcrits qui ſont renouvelés en faveur de l'Anonyme. Ne ſemble-t-il pas même, à l'entendre, que ce ſoit une choſe intéreſſante à l'ordre public, que d'ouvrir la porte aux réclamations? comme ſi ces injuſtices imputées aux peres & aux meres étoient des attentats communs, contre leſquels nos enfans duſſent être préſervés pour tous les cas poſſibles! De queſtions d'état, il pourra en naître de légitimes, lorſque ce ſera,

F

ou le titre feul, ou la feule poffeffion qui manqueront aux Réclamans. Il n'en naîtra que d'injuftes, lorfque les Réclamans n'auront ni titre, ni poffeffion dans la famille, lorfqu'ils auront titre & poffeffion contraires, lorfque la famille en aura contr'eux de perfonnels. Ce n'eft pas avec la prévention d'intérêt de chaque Réclamant, que cette queftion doit être envifagée. Chaque acte baptiftaire, chaque affaire doit être vue d'un coup d'œil général. Les Légiflateurs ont tout pefé; tous les inconvéniens ont été balancés, le titre légal & la poffeffion doivent décider, ou pour, ou contre ceux qui réclament. L'adverfaire ne les a pas contre nous, nous les avons contre lui avec toutes les perfonnes & pour tous les temps, foit pendant 45 années du vivant du fieur Hatte, foit depuis 5 années après fa mort, & l'intérêt perfonnel doit être entraîné par cette Loi plus impérieufe.

Remuez, Meffieurs, ébranlez, renverfez ce triple obftacle avoué par les mœurs & par les Loix, & qu'avec des faits artificieufement difpofés, on puiffe vous faire illufion fur la preuve teftimoniale; quels fléaux, dans ce fiecle fur-tout, quels fléaux pour l'ordre public! Si le Regiftre de la Loi n'eft plus qu'une barriere fragile, l'un pourra vendre ou laiffer vendre fon exiftence à quiconque voudra l'acheter : tel qui a un état pourra le perdre, & tel qui n'en a pas, pourra en acquérir. On nous donnera des enfans par fuppofition; on les fera paffer d'une famille à une autre; les ufurpateurs, toutes leurs paffions, toutes celles qui ont coutume d'irriter les leurs inonderont nos fociétés; & dans ce cahos affreux, les titres de mari & de femme, de pere, de mere, d'enfans, les fentimens que ces noms inspirent, nos Loix mêmes protectrices, tout enfin restera abimé & confondu. Tels sont, Messieurs, les moyens généraux qui doivent décider de notre état civil & de celui du Réclamant, sans entrer même dans le détail des faits qu'il a la confiance d'articuler.

Mais ne le craignons pas, d'aborder des faits qui forment & la seconde partie de sa prétention, & la seconde partie de notre défense.

SECONDE PARTIE.

Etat prétendu supprimé.

J'ai distingué, Messieurs, dans cette affaire, deux ordres de faits & de moyens. Les uns qui regardent l'état actuel & civil de toutes les Parties ; les autres qui concernent, non pas un état actuellement subsistant, mais un état qu'on prétend avoir été supprimé.

J'ai rempli mes engagemens par rapport au premier objet, qui appartient tout entier aux Loix publiques sur l'état des hommes, puisqu'il n'est pas de famille dont la possession & les titres ne puissent être exposés à une semblable révolution. Pour le second objet, quoiqu'il ne présente qu'un intérêt privé & personnel au Réclamant, il n'en est pas moins digne de notre attention.

Le système consiste à soutenir ici que l'état de l'Anonyme, à l'instant de sa naissance, étoit celui de fils du sieur Hatte, filiation dont la preuve est physiquement impossible ; mais en prétendant qu'il est né de la Dame Hatte, c'est, ajoute-t-il, le mari de sa mere qui est son pere : *mater certa, pater verò incertus . . . . . pater is est quem nuptiæ demonstrant.*

Ainſi dans le fait, la maternité de la Dame Hatte, les preuves de cette maternité de fait, c'eſt ce qu'il faut diſcuter. Dans le point de droit, nous aurons à dé-terminer le ſens, l'eſprit, le vœu de la préſomption légale de la paternité.

Que la Dame Hatte ſoit accouchée le 17 Août 1720; je ne dis pas ſeulement qu'il n'y en a aucune preuve légale, puiſqu'il n'exiſte point d'acte baptiſtaire d'un enfant qui ſoit né d'elle, ni garçon, ni fille; mais je dis qu'aucun autre genre de preuve d'une fille ou d'un garçon n'exiſte nulle part, puiſqu'elle eſt même réduite à articuler trois faits généraux, une conception, une groſſeſſe, un accouchement: c'eſt dans ces trois faits que conſiſte la fable de la maternité. Il faut la repren-dre dans toutes ſes parties.

Et d'abord la conception.

On a vu des Réclamans articuler des faits précis d'accouchement de leur mere, parce que c'eſt une opé-ration ſenſible, & que du fait de l'accouchement, ré-ſulte toujours celui de la conception: mais demander à prouver en 1765, & à prouver par témoins, qu'il y a 44 ans que telle femme, dans tel mois, a conçu & eſt devenue groſſe, en général, c'eſt là l'une des ſin-gularités réſervées pour cette affaire.

Cependant, ſi l'on y prend garde, c'eſt moins la con-ception en elle-même, que ſa date préciſe, qui eſt articulée; & pourquoi? Dès le 23 Décembre 1718, la Dame Hatte avoit quitté la maiſon de ſon mari. Outre cette ſéparation de fait, il y a eu des procédures, ſoit ſur une ſéparation d'habitation, ſoit ſur une ſépation de biens. C'eſt donc pour écarter le défaut de vraiſemblance, qu'on s'eſt cru obligé de ſaiſir, au milieu des procédures mêmes, un intervalle favorable à la conception.

Auſſi, par le premier fait dont on demande à faire preuve, eſt-il dit, » que depuis la demande en » ſéparation de corps formée par la Dame Hatte en » 1718, le ſieur Hatte *l'a vue & fréquentée*, notamment » dans les mois de Septembre, Octobre, Novembre & » Décem. 1719; que quoique depuis ce temps ils aient » toujours vécu ſéparément, cependant de temps à au-» tre le ſieur Hatte paroiſſoit reprendre des ſentimens » *de tendreſſe* pour la Dame ſon épouſe, qu'enfin dans » le cours de cette ſéparation (elle a duré 40 années!) » il a été ſurpris par un de ſes parens les plus reſpecta-» bles, chez la Dame Hatte, dans un état qui annonçoit » la familiarité de ſes viſites. « Et par le ſecond fait, la Dame Hatte articule expreſſément, » que dans le mois » de Novembre 1719, *époque*, dit-elle, *de l'une de ces re-» conciliations*, elle devint groſſe. « Il eſt donc vrai de dire que le mois précis de la conception eſt articulé, c'eſt le mois de Novembre 1719. Il eſt vrai de dire auſſi que cette conception eſt placée à l'époque d'une reconciliation; il eſt très-vrai encore qu'on allegue que le ſieur Hatte a vu & fréquenté la Dame ſa femme pendant les mois de Septembre, Octobre, Novembre & Décembre, & il eſt plus vrai encore qu'à côté de ces fréquentations, de ces viſites, de ces reconciliations, ſe trouve un fait beaucoup plus indécent, que *dans le cours de leur ſé-paration (de* 40 *années) le ſieur Hatte a été ſurpris par un de ſes parens, chez la Dame Hatte, dans un état qui annonçoit la familiarité de ſes viſites.*

Cette derniere circonſtance ſurtout, celle de l'état de familiarité dans lequel ils auroient été ſurpris, ſeroit indifférente, depuis qu'on l'a fixée devant vous, Meſſieurs, à l'année 1737. Elle étoit plus précieuſe devant les premiers Juges à qui on l'avoit d'abord préſentée au même mois de Novembre 1719 ; mais en ſuppoſant que les deux époux ayent été ſurpris, s'il eſt conſtant aujourd'hui que ce n'eſt qu'en 1737, pourquoi l'articuler dans le concours vague d'une ſéparation de quarante ans ? Pourquoi en placer l'articulation dans le premier fait, qui ne regarde que les mois de Septembre, Octobre, Novembre, & Décembre 1719 ? N'eſt-ce pas vouloir reporter les idées qu'offre la familiarité, les reporter à l'époque où l'on a cru en avoir beſoin ? Y a-t-il de la franchiſe dans de ſemblables ſubtilités ?

Au ſurplus, qu'eſt-ce que tous ces détails raſſemblés avec tant d'affectation ? Un mari & une femme étoient ſéparés de fait dès le 23 Décembre 1718. Ils ont plaidé en ſéparation de corps & de biens dans les années 1719, 1720 & 1721. On ſuppoſe des viſites, des fréquentations, des réconciliations ; & de-là la poſſibilité de la conception au mois de Novembre 1719. Que de chimeres on nous donne à combattre !

1°. Les procédures de la ſéparation de corps vont juſqu'à la Sentence d'appointement, du mois de Mars 1719, & juſques là la Dame Hatte n'étoit pas groſſe.

2°. Au mois d'Août ſuivant, la Dame Hatte a formé une demande en ſéparation de biens, & parce que cette demande eſt moins vive que la premiere, on en conclut certainement qu'ils étoient réconciliés ; mais ſi la Dame

Hatte n'a pas fuivi fa demande en féparation de corps,
c'eft parce qu'elle n'y étoit pas fondée, & qu'elle
étoit abandonnée par le fieur Miotte fon pere, intervenu en faveur du mari. Si d'ailleurs elle s'eft pour-
vue en féparation de biens, c'eft qu'étant féparée de
fait, elle fouhaitoit l'indépendance pour fes biens,
de même que pour fa perfonne.

3°. Suppofons le concert des procédures fur la féparation de biens, & qu'il prouvât la réunion des efprits;
dans ce cas là même, la réunion n'auroit pas été d'une
longue durée, car la Sentence de féparation de biens
eft du 7 Octobre 1719, & l'Arrêt qui l'infirme eft
du mois de Février 1720. Où fera donc le concert?
Eft-ce dans la Sentence qui fépare ? C'eft depuis le
mois d'Août jufqu'au mois d'Octobre. 1719 Eft-ce
dans l'Arrêt qui rétablit la communauté? On nous dit
que cet Arrêt a été paffé de concert entre Mes Bafly
& Formé, tandis que d'un autre côté on prétend qu'au
mois de Février 1720 les époux étoient plus divifés
que jamais, en forte que c'eft de concert que la Sentence les féparoit de biens, & c'eft de concert que l'Arrêt les remettoit en communauté par le miniftere d'un
même Procureur, quoique devenus alors irréconcilia-
bles. Y eut-il jamais des contradictions plus étranges?

Cependant pour aider des combinaifons de Prati-
cien, on fait à chaque époque de procédures entrer
dans la maifon du fieur Hatte, fortir & rentrer encore
la parente qui divifoit, dit-on, alternativement les
efprits. Quelle aifance dans toutes ces allégations!
Car où eft la preuve, (on ne demande pas même à
la faire, & tout ce qui regarde la Parente n'eft pas

articulé) mais où eſt la preuve que la Parente fût dans la maiſon, ou qu'elle eût un crédit abſolu, lorſqu'on plaidoit en ſéparation de corps? Où eſt la preuve qu'elle en fût ſortie, ou qu'elle eût perdu ſon crédit, lorſque la Sentence qui ſéparoit de biens eſt intervenue? Où eſt la preuve qu'elle fût rentrée en crédit ou dans la maiſon lorſque l'Arrêt infirmatif a rétabli la communauté?

Tout ce qui réſulte de tant de combinaiſons arbitraires, eſt encore une fois, que la Dame Hatte ſéparée de fait depuis 1718, plaidant en 1718 & 1719 en ſéparation de corps ou de biens, n'en étoit pas moins diviſée d'eſprit & d'intérêt avec ſon mari. Il n'y a pas eu de viſites, de fréquentations, encore moins ont-ils été ſurpris alors dans un état de familiarité qui ne ſeroit que de l'année 1737; & le premier dégré par lequel on veut nous conduire à la maternité de la Dame Hatte, celui de l'époque préciſe de la conception, n'eſt toujours qu'un fait témérairement imaginé pour ſauver le défaut de vraiſemblance ſur la cohabitation du mari avec la Dame ſa femme.

Enviſageons la groſſeſſe.

La Dame Hatte articule ſur le ſecond fait, *que ſa groſſeſſe a été connue dans ſa famille & de ſon mari.* Premierement, *dans ſa famille;* mais le ſilence de la famille eſt abſolu. Les trois Lettres de 1733 de l'Abbé le Riche, des Dames de Vandy & de Chevigné ne tombent, je l'ai prouvé, que ſur les torts généraux du mari, de la parente, & ſur le mariage de la premiere fille, ainſi que les Lettres de Mme de Vauvré de 1730. Celles de 1759, qui ſont ſi véhémentes, regardent le teſtament du pere & ſon projet de ſubſtitution, imputé

puté aux conſeils de la même parente. Il n'eſt rien échappé à perſonne ſur la groſſeſſe de 1719 , pas même à une ſœur que la Dame Hatte ne craint pas aujour-d'hui de mettre dans la confidence. Comment donc ſe permet-elle d'invoquer la notoriété de la famille ſur cette groſſeſſe ? Secondement, le *mari* l'a connue ! Quatre Lettres ſont rapportées de ſa part , une ſeule de 1730 , quoiqu'il y en ait trois de cette année.; d'autres de 1737 , 1741 , 1746 , & par tout le même ſilence. Les Jugemens intervenus avec lui en 1721 , 1752 , 1753 , toutes les procédures qui ont précédé , accompagné & ſuivi ces Jugemens , les mariages qu'il a faits , les reproches qu'il en a reçus , ſon teſtament encore indiquent ſon ignorance. Silence univerſel de la Dame Hatte , de ſon mari , de leurs parens , de leurs filles , qui n'eſt pas moins énergique ſans doute que des dénégations poſitives ſur l'événement de la groſſeſſe.

L'accouchement du 17 Aout 1720.

» Elle articule que le 17 Août 1720 , elle fut ac-
» couchée au lieu de la Chapelle , tenant au Fauxbourg
» Saint Denis , par une Garde , nommée Dubut , en
» l'abſence du ſieur Pérard , Accoucheur , qui avoit
» été mandé , & qui n'arriva qu'au moment où elle
» venoit d'accoucher.

Si cet accouchement n'étoit pas arrivé dans une maiſon commune , nous n'en ferions pas un reproche , puiſque les époux étoient ſéparés de fait depuis près de deux années : mais auſſi ce ne ſeroit pas à Paris non plus , & dans la maiſon ſéparée de la Dame Hatte. Ce ſeroit dans un lieu écarté , au Village de la Chapelle, Fauxbourg Saint Denis. Quelle follitude ! Pas une feule des perfonnes de la famille dans l'intérieur de laquelle on prétend que la groffeffe avoit été notoire. Point de Sage-femme , point d'Accoucheur , parce que Perard mandé arriva trop tard. Une Garde feule, elle eft morte ; Perard n'eft plus, & il n'y a pas un feul témoin qui pût aujourd'hui dépofer de l'accouche-ment.

Joignons ici le fait du *Baptême*.

Si l'on doit en croire la Dame Hatte , elle avoit donné ordre de faire baptifer l'enfant à la Paroiffe de la Chapelle , fous les noms d'elle & de fon mari ; & la Dubut, par une intelligence frauduleufe , avec le mari , la Dubut a apporté l'Enfant à Saint Euftache , où des noms fuppofés lui ont été donnés. Que d'ab-furdités à la fois réunies ! Il faut les calculer.

En premier lieu, la Dame Hatte , prête d'accou-cher , ne devoit-elle pas avoir pris les précautions convenables à fon état ; par exemple , d'avoir retenu un parain & une maraine parmi fes amis , ou parmi les parrens, confidens de fa groffeffe ? Sans cela , il faudroit fuppofer qu'elle auroit chargé la Dubut de prendre les premiers venus à l'Eglife, ce qui choque toutes les vraifemblances. Si d'un autre côté , le par-rain & la marraine étoient de fon choix , il faudroit qu'ils euffent été complices de l'infidélité de la Du-but. Qu'on réponde à cette alternative.

En fecond lieu , fi, comme on le dit encore, le Baptême devoit être fait à la Chapelle, le Curé du lieu n'a-t-il pas dû en avoir été prévenu pour une perfonne de l'état de la Dame Hatte ? S'il l'a été , s'il a dû l'être, s'il a dû compter fur le Baptême ; inftruit de l'accouchement le même jour, peut-on croire qu'il ait laiffé ignorer à la Dame Hatte qu'il n'en avoit pas entendu parler?

En troifiéme lieu, faudra-t-il croire auffi que la Dubut ait été chargée feule d'une pareille commiffion, fans que les voifins, les domeftiques de la maifon, toujours curieux de ces fortes de cérémonies, en ayent été inftruits?

En quatriéme lieu, le Baptême à la Chapelle étoit l'affaire d'un moment, & la Dubut fera venue furtivement à Paris, à pied, ou en voiture ; elle aura confommé une matinée, ou une foirée entiere, fans que la Dame Hatte ait été inquiete du fort d'un enfant & de celui d'une Garde dont elle avoit befoin!

En dernier lieu enfin, le projet de faire baptifer à la Chapelle fous le nom du fieur Hatte, eft contraire à la fituation où la Dame fa femme dit qu'elle étoit alors vis-à-vis de lui. Suivant elle, il avoit menacé de *tuer*, oui, Meffieurs, *de tuer* la mere & l'enfant, fi l'enfant recevoit le Baptême fous fon nom ; c'eft là ce qui a forcé la mere au filence. Cependant, fi les ordres de la mere avoient été fuivis, c'eft fous ce nom que le Baptême auroit été adminiftré, & dans quel lieu ? La maifon qu'elle habitoit à la Chapelle étoit, elle vous l'a dit, une maifon de campagne, connue par conféquent de fon mari, & où il auroit pu facilement prendre des inftructions fur le Baptême.

Ce font là de ces circonftances de détail qui peignent la vérité ou la fauffeté d'un fait principal. Un fait vrai eſt marqué à des caraƈteres certains ; un fait qui ne l'eſt pas , eſt marqué aux caraƈteres de la ſuppoſition. L'infidélité de la Dubut eſt un fait ſuppoſé , de même que celui de la jalouſie du mari , ſans quoi il faudroit admettre une complicité de la part du parrain & de la marraine choiſis par la Dame Hatte, de la part du Curé , des domeſtiques, dès voiſins, & admettre encore de la part de la mere un contraſte de conduite avec la timidité qui a nui au ſort de l'enfant. Auſſi , par une ſingularité étrange , le fait de la Dubut , qui eſt le fait de la ſuppreſſion & de la ſuppoſition d'état, ce fait n'eſt pas même du nombre de ceux dont on demande à faire preuve. Il y a Meſſieurs, trente-huit faits articulés expreſſément par le ſieur de Rougemont , plaidés par lui & par la Dame Hatte , & il n'articule pas , il ne demande pas à faire preuve , ni que la Dame Hatte eût chargé la Dubut de faire baptiſer l'enfant ſous ſon nom , & ſous celui de ſon mari , ni que ce ſoit le mari qui ait donné des ordres contraires. Fait haſardé de vive voix dans les plaidoiries, non articulé par écrit , quoique ce ſoit le fait capital de la queſtion d'état.

La voilà , Meſſieurs, toute entiere cette fable de maternité que nous avons toujours niée , & niée avec ſes épiſodes ſur la conception, la groſſeſſe , l'accouchement, & le Baptême. Il en eſt temps , terminons ce ſecond ordre de faits, pour ſatisfaire une impatience trop légitime ſur un ſecond ordre de Moyens.

M O Y E N S.

C'eſt, Meſſieurs, une Loi religieuſe & ſainte, une Loi protectrice de l'honneur des mariages & de la dignité d'un Sacrement que vous avez ici à venger. Je ſuis accouchée, dit avec confiance la Dame Hatte, le 17 Août 1720. Le ſieur Hatte étoit mon mari, il eſt donc pere, *pater is eſt quem nuptiæ demonſtrant.* Contre cette préſomption légale, continue-t-on, il n'eſt qu'une exception, l'impoſſibilité phyſique réſultante de l'impuiſſance ou de l'abſence du mari, *ab fuiſſe maritu, verbi gratiâ per decennium . . . vel ſi eâ valetudine fuit ut generare non poſſit.* Loi 6, ff. *de his qui ſui vel alieni juris ſunt.* Non, l'adultere de la mere, même l'adultere prouvé, ne peut nuire à la légitimité de l'enfant, parce que ce qu'une femme perfide a accordé à l'étranger, elle peut ne l'avoir pas refuſé à ſon mari, *cum poſſit & illa adultera eſſe & impubes defunctum patrem habuiſſe.*

Quel langage, Meſſieurs ! il eſt inoui dans ce Tribunal : il faut d'abord le rapprocher de notre Juriſprudence poſitive.

Quoi donc, la Dame de Bruix & la Demoiſelle Virgine qui ont ſuccombé, étoient-elles dans l'exception de l'impoſſibilité phyſique ? Le Marquis & la Marquiſe de la Ferté n'avoient-ils pas eu un autre enfant, le Marquis de la Ferté, qui étoit Partie dans la ſeconde affaire, & n'avoient-ils pas eu une habitation commune & conſtante à Paris, au Palais Royal ? Le Marquis & la Marquiſe de Sazilly avoient eu ſix enfans de leur mariage, & ils avoient conſtamment habité enſemble dans leur Terre de la Baudonniere pendant vingt-quatre années : le positif de la Jurisprudence suffiroit donc déja contre l'abus renouvelé du principe.

Ecoutez une seconde fois aussi M. Daguesseau dans le Plaidoyer même qu'on m'oppose, c'est le vingt-troi-siéme. » La conclusion qu'on tire (de la regle de droit) » n'est pas infaillible, sa certitude n'est pas capable » d'exclure toute preuve contraire. Aussi tout le titre » *de agnoscendis liberis* est plein d'autorités qui attestent » que rien n'est moins assuré . . . ce n'est qu'une pré-» somption probable, un indice vraisemblable, con-» jecture puissante, mais qui peut être combattue par » des preuves encore plus fortes. « Ainsi s'exprimoit l'interprête de l'une & de l'autre Jurisprudence ; mais développons plus particulierement nos idées.

Que veut-on dire ? A-t-on prétendu que parce qu'une femme alléguera sa maternité, parce qu'elle en aura répandu indiscrettement le bruit, parce que ce bruit aura frappé l'oreille des Magistrats comme une rumeur populaire ; veut-on que dès cet instant la regle de droit doive triompher ? Apprenons, Messieurs, à connoître ces présomptions de droit admises dans la Jurisprudence, sous le nom présomptions *légales*, pour les distinguer des présomptions purement humaines.

Pour quels cas ont-elles été favorablement accueillies ? C'est pour quelques effets civils, qui dépendans d'événemens incertains ne sont pas susceptibles de preuves positives. L'effet civil de la filiation, par exemple, dépend de la paternité, l'un des mysteres les plus impénétrables de la nature. Non-seulement la paternité est incertaine en elle-même ; mais contestée, elle ne peut être prouvée avec évidence. S'il a fallu y

fuppléer par des conjectures, les conjectures n'ont pas
dû dans une matiere fi intéreffante pour la fociété, être
abandonnées à l'arbitraire : & dans le choix auquel les
Loix fe font déterminées, elles ont obfervé & fuivi les
deffeins de la nature.

Le vœu de la nature, fans doute, eft que les enfans
nés pendant le mariage, foient enfans du mariage même, parce que c'eft ce qui arrive le plus ordinairement. Ce cours naturel & ordinaire, la Loi civile l'a
tiré de la claffe des conjectures humaines, pour l'éri-
ger en préfomption légale; mais auffi la Loi préfu-
mante a voulu avoir une bafe certaine. Ce n'eft pas
feulement le fait du mariage, puifque toutes les fois
qu'il y a mariage exiftant, il n'y a pas néceffairement
exiftence d'enfans. Outre la certitude du mariage, il
faut à la Loi la certitude de l'accouchement de la femme mariée. Lorfque le mariage & l'accouchement font
certains, quoique dans l'événement d'une naiffance il
n'y ait rien de relatif au pere, alors la Loi de fon autorité
remplit l'intervalle, forme entre l'enfant né & le mari
de la mere le lien néceffaire à l'effet civil de la filiation :
mais encore une fois, pour que la Loi fe prête à la préfomption, il faut que la certitude, & du mariage, & de
la naiffance d'un enfant foit établie fur le genre de
preuves qu'elle a elle-même déterminé. Si l'acte de
célébration manque, la Loi voit un enfant né, mais
non pas né d'un mariage. Si ce qui manque eft l'acte
baptiftaire, la Loi voit un mariage, mais elle ne voit
pas s'il a été fécond. Au défaut de l'acte de baptême
on aura beau accumuler des conjectures, articuler des
faits de conception, de groffeffe, d'accouchement, de
traitemens, de déclarations de celle qui fe dit mere,

tout cela peut être vrai ou ne l'être pas, tout cela eft vague, tout cela n'a trait qu'à une maternité *quelconque*, & ne prouve pas l'identité d'un réclamant avec l'enfant nourri dans les entrailles & né du fein de la mere. Il faut qu'une naiflance alleguée fous les yeux de la Loi, la lui préfente avec toutes les circonftances naturelles à ce fait phyfique, le fexe de l'enfant né, l'époque précife ou il vient de naître, & c'eft alors que la Loi voyant l'enfant de la mere, elle le donne au mari par préfomption de droit, excepté dans les cas d'impoffi-bilité phifique.

Ces idées, Meffieurs, font-elles vraies? Elles font d'abord fondées en raifon : car préfumer en général, c'eft, d'un fait connu, procéder à un autre qui ne l'eft pas. Ici le fait inconnu eft la paternité, & le fait connu doit être une naiflance ; mais préfumer légalement, c'eft procéder d'un fait légalement connu au fait qui eft ignoré. La Loi conjecture la paternité incertaine, non fur de fimples conjectures de la maternité. La Loi feint, non pas fur une autre fiction ; la Loi préfume, non pas fur une autre préfomption. Sans quoi, Mef-fieurs, ce feroit la faire deux fois préfumer, d'abord fur la naiflance vague d'un enfant, quoiqu'il n'y ait aucune preuve de la date, ni du fexe; & enfuite par préfomption de cette naiflance vague, lui faire pré-fumer une paternité relative à tel enfant.

Laiflons, laiflons les hommes dans le cours ordi-naire de leurs affaires, entafler ainfi préfomptions fur préfomptions, conjectures fur conjectures, fictions fur fictions. Qu'ils concluent de chofes inconnues à celles qu'ils ne connoiffent pas davantage, ces vices de rai-

fonnement

fonnement font plus ou moins dangereux, fuivant les objets auxquels ils les appliquent. Dans les matieres importantes du droit & de fes effets civils, la Loi qui eft difpenfatrice de ces effets, ne feint, ne conjecture, ne préfume qu'en conféquence de premieres certitudes, favoir de faits pofitifs.

Ce feroit peut-être, Meffieurs, une différence fi vous n'aviez à prononcer que fur une maternité naturelle, relativement, par exemple, à une demande à fin d'alimens. Vous pourriez vous contenter alors de conjectures fur la maternité, ou même fur la paternité, pour y condamner le pere ou la mere. Alors vous auriez à confulter les vifites, les fréquentations, les foins, les traitemens & d'autres circonftances, parce que ces circonftances feroient directes à l'objet de la demande, la maternité ou la paternité naturelle. Mais ici s'agit-il de favoir fi la Dame Hatte eft mere ? Non, il s'agit d'une feconde opération, la paternité du fieur Hatte, la filiation d'un enfant par préfomption, il s'agit d'un accouchement & d'une naiffance qui puiffent néceffairement être appliqués au réclamant.

Mais fi mes principes font fondés en raifon, ils ne le font pas moins en autorités. Combien de Textes décident expreffément que toutes les fictions légales ne font leur effet qu'une fois, qu'elles ne fortent pas du cas pour lequel elles ont été admifes, & qu'elles ne s'étendent pas d'une perfonne à une autre. *Non extenduntur extra cafum fictum, nec de perfoná ad perfonam:* Annotateurs de Loyfel fur l'art. 4, du tit. 1ᵉʳ, liv. 3. *Fictiones enim femel tantum funguntur, nec egrediuntur perfonam cujus intuitu admiffæ funt.* Glof. fur la Loi 13,

H

in omni ff. de adoption. Le motif eſt que la préſomption légale eſt une opération, non pas premiere, mais
ſeconde ; c'eſt une conjecture de la paternité d'après
un autre fait, la maternité : donc ce premier fait,
celui de la maternité qui comprend l'accouchement
& la naiſſance, doivent être préalablement connus
avec les circonſtances de la mere , du ſexe de l'enfant, & d'une date préciſe pour ſervir de baſe à la
ſeconde opération de la Loi.

Auſſi , Meſſieurs, eſt-ce ce que vous avez expreſſément jugé par les Arrêts lors deſquels quelques re-
clamans ont réuſſi ; & ces autres monumens de votre Juriſprudence, l'une des reſſources de mes adverſaires , doivent ici entrer dans un nouvel examen.

Le premier de ces préjugés eſt celui des enfans du
Sieur Simonnet, Secrétaire du Roi. Deux filles ré-
clamantes rapportoient chacune un extrait baptiſtaire où chacune étoit dite fille de *Jacques Simonet ,
Ecuyer , Conſeiller-Secrétaire du Roi , & de Marguerite
Deniſe de S. Bonnet , ſon épouſe.* Elles n'étoient donc
pas privées tout à la fois du titre légal & de la poſſeſſion. Leurs titres conſtatoient auſſi l'accouchement
de la mère , & la naiſſance de deux enfans du même
ſexe que celles qui réclamoient. Que leur manquoit-il ?
La poſſeſſion. On leur oppoſoit auſſi un accouchement
myſtérieux & l'ignorance abſolue d'un pere qu'elles
avoient pour adverſaire. C'étoit des nuages , ſur-tout
pour des créanciers qui avoient également intérêt de
conteſter leur état. La régle *pater eſt* y trouvoit néanmoins une application naturelle, parce que, outre les
titres juſtificatifs de la naiſſance de deux enfans , de

deux filles, de deux filles nées de la Dame Simonet, & même de fon mari, un fait avoué étoit que les Sieur & Dame Simonet avoient toujours eu, je ne dis pas feulement une habitation commune dans cette Ville, je dis un lit commun pendant 17 années; & en fuppofant la mere criminelle, ce qui n'étoit même pas fondé, les enfans pouvoient être légitimes. Eft-ce donc là notre efpece, où la naiffance d'un enfant quelconque de la Dame Hatte, & encore moins d'un garçon, n'eft appuyée fur des actes d'aucun genre?

Quel eft le fecond Arrêt oppofé? Celui de Bouillerot de Vinantes, que mes Adverfaires m'ont fu quelque gré de leur avoir fait connoître : mais l'enfant avoit été baptifé fous le nom de *Morice de Laune*, femme légitime du fieur de Vinantes. Voilà la mere dans l'acte légal. Dans cet acte, c'étoit un garçon, & c'etoit aufli un garçon qui fe préfentoit : queftion peu différente de celle des enfans Simonet, puifque la différence ne confiftoit qu'en ce que celles - ci dans leurs titres, réuniffoient & le Sieur & la Dame Simonet, & que Bouillerot de Vinantes n'avoit dans le fien que la qualité de fils de fa mere, mais qualifiée au moins *femme légitime du fieur de Vinantes*. Eft-il furprenant encore que M. Dagueffeau, malgré la plainte en adultère rendue par le mari, ait fait prévaloir, dans les pages qu'on vous a lues, & qu'on a imprimées, la préfomption légale, tandis qu'il n'y avoit eu de la part du mari que des abfences paffageres à la fuite de fon fervice à la Cour.

Un troifiéme préjugé eft l'Arrêt célebre de la Demoifelle Ferrand, il mérite furtout d'être approfondi dans toutes fes circonftances.

Le 28 Octobre 1686, un Femme apporte à S. Sulpice un enfant avec un billet qui portoit, que *c'étoit la fille de M. Michel Ferrand, Préfident des Requêtes du Palais, & de Dame Anne Belinzani fa femme.* Je le demande, Meffieurs, que l'enfant eût été baptifée fous les noms écrits dans la note, elle auroit eû l'acte légal tout en entier, de même que les Demoifelles Simonet. Le Curé indifcrettement prudent, étonné de la folitude du baptême pour une perfonne du rang de M. Ferrand, dit au Clerc de ne mettre aucun nom de père & de mère, & l'extrait baptiftaire portoit feulement *Michelle*, qui étoit au moins le nom de baptême de M. Michel Ferrand. Audeffous de l'acte le Curé écrit : » Nous avons cru qu'on ne pouvoit mettre aucun nom de pere & de mere à la fufdite Michelle, d'autant que le pere ne s'y étant pas rencontré, il n'a paru perfonne digne de foi, pour nous juftifier qui font les vrais pere & mere de la dite « Michelle. Deux heures après, M. Ferrand affifté de Notaires, fe tranfporte à S. Sulpice : procès verbal dans lequel il déclare » avoir appris qu'on lui vouloit fuppofer un enfant, & le faire baptifer fous fon » nom pour lui faire une injure, priant le Curé de » n'en baptifer aucun fans lui en donner avis. » Le Curé lui rend compte de ce qui venoit d'arriver, & voici la cloture du procès verbal, » ce fait, ledit regiftre a été rendu audit Sieur Curé, dont » & de quoi ledit Sieur Préfident a demandé auxdits » Notaires le préfent acte à lui par eux Octroyé, pour

» lui fervir & valoir en temps & lieu ce que de rai-
» fon. » Ce qui n'etoit pas même une proteftation
de la part du pere, comme le remarque Me Cochin,
défenfeur de la réclamante. Qu'avez vous jugé, Meffieurs, en fa faveur ? Que l'acte de baptême ayant
dù être rédigé avec les noms du pere & de la mere
écrits dans la note, le procès verbal & la note qui
étoient du même inftant, devoient être joints à l'acte
de Michelle, pour ne compofer qu'un feul & même
inftrument fur, le fait de la naiffance d'une fille,
non feulement de Madame, mais de M. & de Madame Ferrand, parce que l'imprudence du Miniftre
de l'églife ne pouvoit pas lui nuire.

Auffi les trois propofitions de Me Cochin étoient
fimples.

La premiere, Madame la Préfidente Ferrand eft
acouchée. Il ne s'en tenoit pas là, elle eft, difoit-
il, accouchée d'une fille, & au mois d'Octobre
1686. Il n'articuloit pas des faits bizarres de conception, de groffeffe, d'accouchement quelconque : il
prouvoit nommément la naiffance d'une fille, d'une
fille née de Madame Ferrand, & cela par l'extrait
baptiftaire de Michelle, la note relatée, & le procès
verbal.

Dans la feconde propofition, cette fille de Madame
Ferrand, dont la naiffance eft légalament prouvée,
n'eft pas morte, car on n'en rapporte pas d'extrait
mortuaire. En effet Madame la Préfidente Ferrand qui
méconnoiffoit fa fille, qui cependant, dans fon in-
terrogatoire étoit convenue de l'accouchement au mois
d'Octobre 1686, alléguoit feulement que la Dame Bé-

linzani, fa mere, lui ayant dit que cette fille étoit décédée, elle l'avoit crue fur fa parole.

La troifiéme propofition étoit de la part de la Demoifelle Ferrand, je fuis cette même fille qui eft conftamment née, qui conftamment n'eft pas morte, & c'eft feulement ici qu'elle articuloit des faits par rapport aux différens Couvens où elle avoit été mife avec du linge & un couvert à la marque & aux armes de Ferrand : queftion d'état qui étoit véritablement dans le cas de la feconde des trois hypotèfes que j'ai pofées fur mes principes généraux, une queftion d'identité entre la fille alors réclamante & une fille dont la naiffance étoit légalement prouvée. La régle de droit y confervoit fon autorité toute entiere, d'autant plus que Madame Ferrand, à confulter la date de l'accouchement du 27 Oétobre 1686, devoit être groffe de deux mois, lorfqu'elle avoit figné avec fon Mari l'aéte de divorce du 29 Mars précédent.

Parlerai-je, Meffieurs, d'un quatriéme Arrêt, celui de la Demoifelle de Choifeul ? La naiffance d'un enfant de M. le Duc & de Madame la Ducheffe de Choifeul, n'étoit pas prouvée par un Aéte de baptême, auffi avoit-elle intenté fon aétion fous le titre d'anonyme de Choifeul, & c'eft là ce qui a infpiré au fieur anonyme Hatte le même projet : mais l'accouchement de Madame la Ducheffe de Choifeul, la naiffance, non d'un enfant en général, la naiffance d'une *fille* nommément, & de tel jour, étoit atteftée par le regiftre de le Duc, Accoucheur. Vous avez par votre Arrêt, regardé par vous-même, Meffieurs, comme le terme de votre puiffance fouveraine en faveur des réclamans, vous avez admis ce regiftre contre les conclufions mêmes de M. Gilbert, au nombre de ces papiers domeftiques dont parle l'Ordonnance, foit dans le cas où il n'y a pas eu de regiftre , foit dans celui où ils ont été perdus, mais vous l'avez admis au moins dans un cas où la naiffance, où la naiffance d'une fille, d'une fille de Madame de Choifeul, étoit juf-tifiée : & qu'on ne dife pas qu'elle fût accouchée hors le terme de neuf mois de la préfence de fon mari, car le mari étant en ôtage à Turin , avoit eu fon audience de congé le 4 Janvier 1697, & l'ac-couchement étant du mois d'Octobre, il étoit dans le neuviéme mois.

Ce n'eft pas à dire néanmoins que la préfomption légale de la maternité doive être reçue toutes les fois que la naiffance d'un enfant fera légalement prouvée. Il s'eft offert une efpece où l'enfant baptifé fous le nom de fa mere, l'étoit fous le nom d'un autre pere que le mari. M. l'ancien Procureur Général Joly de Fleury, dans des circonftances où la Cour & MM. les Avocats Généraux étoient allé complimenter le Roi fur une victoire importante, obligé de rentrer à un âge vénérable dans les travaux de l'Audience , y rapporta ces maximes au milieu defquelles il avoit vieilli, fur l'inadmiffibilité de la preuve teftimoniale en matiere d'état, & fur l'efprit même de la regle *pater eft*. Il éta-blit fur cette regle le principe de l'indivifibilité de la même preuve, lequel ne permet pas d'admettre des faits de maternité qui feroient exclufifs de la filiation légitime. Il difoit au Réclamant, » vous ne pouvez » divifer votre acte légal, s'il nomme votre mere ; un

» autre pere que fon mari y eft nommé, la regle n'eft
» pas faite pour vous, quoiqu'il n'y ait pas d'impoffi-
» bilité phyfique de votre filiation : & malgré le titre
relatif à la mere, la preuve de fon accouchement, & la
preuve de la naiffance d'un garçon, le Réclamant fut
exclus.

Mais en rentrant, Meffieurs, dans les efpeces qu'on
avoit prétendu m'oppofer, vous le voyez, elles ont
toutes un trait qui leur eft commun, c'eft le fait prouvé de la naiffance de l'enfant, de l'enfant d'un tel fexe,
de l'enfant né tel jour, & né de telle mere. Qu'on
admette alors qu'il n'y a que l'impuiffance ou l'abfence
du mari qui forment l'impoffibilité phyfique, à la
bonne heure, s'il n'y a pas néanmoins des preuves contraires plus fortes encore ; mais lorfqu'il n'y a aucun
acte, de quelque genre que ce foit, fur la naiffance
& fur l'accouchement, toutes les conjectures fur la
maternité ne pouvant être que générales, vagues, &
pouvant être combattues par d'autres conjectures, ne
doivent pas être érigées en une préfomption légale qui
ne peut avoir pour bafe d'autres préfomptions.

Quelle eft donc maintenant celle de ces efpeces
dans laquelle le fieur Anonyme Hatte, le fieur de Rougemont prétendroit fe placer ? Ce n'eft pas celle des
enfans Simonnet, il n'a pas comme elles le titre légal
de fils des Sieur & Dame Hatte. Ce n'eft pas celle de
Bouillerot de Vinantes, il n'a pas comme lui le titre
légal de fils de la Demoifelle Miotte, femme légitime
du fieur Hatte. Ce n'eft pas celle de la Demoifelle Ferrand ; il n'a pas d'acte du même jour que celui du 17
Août 1720, qui explique qu'Etienne de Rougemont
foit

foit le fieur Hatte, & que Jeanne Morel foit la Demoifelle Miotte. Ce n'eft pas non plus l'efpece de la
Demoifelle de Choifeul, le Regiftre de Perard, qui
n'arriva pas, n'a jamais été chargé de l'accouchement
de la Dame Hatte, ni de la naiffance d'un fils. C'eft
donc l'efpece précife de la Dame de Bruix, de la Demoifelle Virgine, de Sazilly, de Georges de la Croix,
Joublot & autres qui n'avoient, ainfi que lui, fur le
fait de leur naiffance, que des titres contraires à leur
prétention.

Ainfi réfléchiffons fur l'état déplorable de cette
fable de maternité, où une femme vivante en divorce
depuis 11 mois avant la conception, eft forcée, pour la
rendre vraifemblable, de remonter jufqu'à des vifites,
des fréquentations, des fentimens de tendreffe repris de
temps à autre, où elle eft réduite à faire reffource des
idées d'un état de familiarité dans lequel elle & fon mari
n'auroient été furpris que dix-huit ans après, en 1737.
ce font autant de préliminaires avant d'arriver à la vraifemblance d'une maternité quelconque ; c'eft en un
mot un interlocutoire propofé fur un fait, dont la certitude actuelle pourroit feule devenir favorable à l'exception de droit.

Cependant » la Dame Hatte eft ma mere, c'eft le cri
perpétuel mis dans la bouche de l'Anonyme ; » la Dame
» Hatte eft accouchée, & un enfant eft né : fuppofez à
» ma mere une conduite criminelle, fuppofez l'ac-
» cufation d'adultere intentée & prouvée ; la fréquen-
» tation de fon mari eft poffible, je puis être légitime,
» la Loi le préfume : prononcez, Meffieurs, contre
» moi, fi vous l'ofez !

I

Si vous l'ofez! Vous l'oferez, Meſſieurs, parce que par des figures hardies, on feint de vous rappeler à votre qualité, à votre dignité de Juges, & qu'à l'inſtant même on cherche à vous en diſtraire. Celui-là eſt pere qui eſt le mari de la mere ; oui, c'eſt à vous que l'on s'adreſſe ici, comme Magiſtrats : mais la Dame Hatte eſt mere ; ce n'eſt plus à des Magiſtrats qu'on s'adreſſe. En conſervant, Méſſieurs, votre caractere, portez vos regards ſur toutes les circonſtances de la cauſe ; des conjectures, des opinions, des bruits populaires, nulle part un accouchement, une naiſſance d'un enfant, beaucoup moins encore d'un garçon, & d'un garçon né de la Dame Hatte ; vous n'avez donc rien à préſumer légalement ſur la paternité. Quand même vous vous tromperiez dans le fait, la condamnation ſeroit légitime, votre conſcience ſans remors, parce que organes de la Loi à laquelle on vous rappelle, c'eſt ſa déciſion, c'eſt celle de vos Jugemens antérieurs, que votre Jugement actuel auroit déclarée aux Parties.

Diſons-le donc, Meſſieurs, les principes généraux ſur le poſitif de notre Juriſprudence ſont éclaircis par les principes particuliers ſur l'exception. Les maximes générales ſont, que l'ordre public dans ma troiſiéme hypotheſe rejette tout Réclamant d'une famille qui a des titres & une poſſeſſion perſonnelles, tout Réclamant qui n'en a pas dans la famille, tout Réclamant qui en a de contraires. Le principe particulier ſur la préſomption légale, c'eſt qu'elle ne peut être invoquée que lorſqu'à l'inſtant de la naiſſance, il y a acte conſtitutif de la naiſſance même, c'eſt-à-dire de la naiſſance de tel enfant, relativement à telle mere.

Ici, Meſſieurs, je devrois terminer ma défenſe ; mais dans une affaire où l'illuſion eſt ſans ceſſe ſubſtituée aux ſaines maximes, ne vous dois-je pas encore une explication détaillée de ces ſix genres de preuves de maternité qu'on a prétendu devoir tenir lieu auprès de vous de la preuve qui manque à mon adverſaire ? L'attention doit redoubler.

Il appelle d'abord une preuve de ſa naiſſance en qualité de fils de la Dame Hatte, la déclaration qu'elle en fait aujourd'hui dans les Tribunaux. Eh comment cette déclaration tardive doit-elle être enviſagée ? Eſt-ce dans les circonſtances du fait ? Eſt-ce dans le point de droit ?

Premier genre de preuves prétendues.

Déclaration actuelle de la Dame Hatte.

Dans le fait, la déclaration eſt donnée pour la cauſe actuelle ; & laquelle croire, ou de la Dame Hatte dans un point de temps, ou de la Dame Hatte pendant 45 années ? Si la vérité eſt aujourd'hui dans ſa bouche, qu'a-t-elle cent fois proferé ? Si c'eſt en Juſtice qu'elle ſe déclare mere, n'eſt-ce pas dans tous les Tribunaux de la Juſtice qu'elle a déclaré le contraire ? Premiers Juges, Juges Souverains, Conſeil du Roi. Si donc il eſt vrai que ſon premier langage n'a pû nuire à celui qu'elle nomme ſon fils, ſon langage actuel peut-il nuire à Meſdames ſes filles, à ſon petit-fils, à ſes arrieres-petits-enfans, & aux familles qui ſont entrées dans les alliances ?

Quels prétextes que ceux qu'elle donne, dans le fait encore, ou à ſon ſilence, ou à ſes aſſertions poſitives ?

A l'époque de la groſſeſſe, de l'accouchement, de la naiſſance & du Baptême, ſon mari avoit menacé les jours de la mere & de l'enfant, ſi l'enfant étoit baptiſé ſous ſon nom. Cependant, ſuivant elle-même, elle en avoit donné l'ordre, & dans la Paroiſſe de ſa maiſon de Campagne. Cependant aufli, ces menaces ne font pas même articulées par écrit, elles font du nombre des allégations qu'on s'eft permifes feulement dans la Plaidoirie : mais eft-ce à nous, eft-ce à vous, Meffieurs, qu'on veut perfuader qu'une mere a été forcée de facrifier l'état de fon fils pour conferver la vie à tous deux, comme fi nous vivions fans Loix, comme fi nos Loix n'avoient pas leur fanctuaire ouvert, comme fi les mœurs n'étoient plus fous la protection des Loix !

Nouvelle excufe ; les affertions imputées à la Dame Hatte font dans des actes judiciaires, ouvrage des Procureurs qui ont inftruit les procédures, des Huifliers qui ont fait les commandemens, des Confeils qui ont rédigé fa défenfe, des gens d'affaires qui ont dreffé les Mémoires. Mais qui eft-ce qui a mis tout le monde dans l'erreur depuis 1720 jufqu'en 1764, & dans tous les Tribunaux connus ? Une erreur fi univerfelle n'eft-elle pas la vérité même ? Parmi tant de pieces aufli, n'y a-t-il pas ce Libelle où la Dame Hatte parle en perfonne, & qu'elle a certifié par fa fignature ? N'eft-ce pas dans l'exorde de ce Libelle qu'elle dit, *j'ofe interpeller mon mari fur la vérité de tous les faits que j'avance*, & pas un mot ni du troifiéme enfant, ni de la paffion de jaloufie qui en auroit fupprimé l'état.

J'attendois, j'efpérois, & il y a eu alternativement des réconciliations : troifiéme pretexte.

Ces réconciliations, ces ruptures alternatives n'ont pas rompu le filence, elles n'ont pas fait rétracter les affertions, depuis le tems même où elle n'avoit plus rien à efpérer d'un mari qui n'étoit plus. C'eft, ajoute-t-on aufli, qu'à cette derniere époque, elle & l'Anonyme ont confulté, c'eft que les Confeils ont répondu qu'il n'étoit pas temps, & qu'il falloit d'autres preuves. Où font-elles aujourd'hui ces preuves, qui demandoient tant de recherches? Eft-ce l'extrait baptiftaire? Il étoit connu. Sont-ce les certificats de la penfion & du Collége? On pouvoit fe les procurer à l'inftant même. Seroit-ce les quittances du fils de Corrigé? Quoi de plus facile que de les avoir plutôt! Ce font peut-être les Lettres des parens qui font, ou du temps de la demande, ou depuis. Il a donc fallu, pour fixer leurs irréfolutions, cinq années depuis le décès du fieur Hatte. Tous ces prétextes écartés, que devient la déclaration tardive & contradictoire avec tout ce qui avoit précédé? Que devient-elle, à la confidérer dans le fait?

Dans le point de droit, ces fortes de déclarations ne peuvent nuire, ni profiter à l'enfant. *Matris jusjurandum partui non proficiet, neque nocebit*, Loi 3. ff. *de jurejur*. Une autre Loi, *à matre iratâ facta non obeft profeffio*, Loi prononcée contre une mere en divorce, qui venoit déclarer que l'enfant dont elle étoit enceinte n'étoit pas de fon mari; Loi non moins puiffante contre une mere qui auroit déclaré que fon mari étoit pere. A l'égard même des déclarations réunies des peres & & des meres, *non nudis affeverationibus, nec ementitâ profeffione*, licet utrique confentiant, *fed matrimonio legitimo concepti, vel adoptione folemni, filii civili jure patri conftituuntur*. Qu'on entende ces derniers mots, *civili jure filii patri conftituuntur*. Oui, la paternité, la filiation, les effets qui en dépendent, font des effets du droit civil. Il n'appartient pas à des pere & mere par des déclarations mendiées de fe donner des enfans, tel eſt le droit public des Nations ; & quand même la Dame Hatte auroit arraché à ſon mari expirant une re-connoiſſance, le droit de famille en auroit-il moins été concentré dans la perſonne des deux filles ſeules ? Auſſi y a-t-il deux exemples de ces déclarations ſingulieres ; l'une de la part d'une mere, l'autre de la part d'un pere.

Dans le premier exemple, Madame la Ducheſſe Douairiere de ** avoit conçu du reſſentiment du ma-riage de ſa fille unique, agréé par ſa Maiſon & par le Roi. Après avoir inutilement tenté de faire annuller une donation univerſelle qu'elle avoit faite de ſes biens, elle fit paroître un enfant mâle ſous le nom de *Tan-crede*. L'affaire fut remiſe à différens jours pour plaider, & il eſt vrai qu'ayant été placée enſuite au *rolle*, les Défenſeurs de Tancrede & de la mere qui le recon-noiſſoit ne parurent pas ; mais l'Arrêtiſte, Me Soëfve, obſerve qu'*ils avoient communiqué au Parquet de Mrs. les Gens du Roi ;* ainſi leurs piéces, leurs moyens combat-tus dans les Plaidoyers de Patru & de Gauthier, étoient connus ; & l'Arrêt, *après que M. Talon eut adhéré*, fit défenſes à Tancrede de prendre un nom illuſtre, & à Madame la Ducheſſe de ** de le lui donner.

Dans l'autre exemple, par le même motif du ma-riage de ſa fille unique, un Magiſtrat ſe fit aſſigner par une autre fille qu'il avouoit. La Sentence intervenue en 1720 en la premiere Chambre de Mrs. des Requê-tes du Palais, donna acte au pere de ſa reconnoiſſance, & cependant débouta la réclamante de ſa demande à fin d'être reconnue fille de lui & de Madame ſa femme. Ce qui prouve, Meſſieurs, que la déclaration de l'un ou de l'autre des époux, ſimple conjecture à l'égard de

celui qui reconnoît, ne peut jamais être une préfomption légale de la paternité ou de la maternité de l'autre, ni de la filiation à laquelle eft attaché l'effet civil.

Suivons un fecond genre de preuve de cette maternité
prétendue. La Dame Hatte l'avoit déclarée précédemment au Chevalier de Guer, au fieur de la Bourgonniere, & même au fieur Hatte, qui ne lui avoit demandé que de le *laiffer maître du moment.*

Les confidences faites au fieur de la Bourgonniere
& au Chevalier de Guer feroient indifférentes ; mais
c'eft plus qu'une fupercherie que la preuve qu'on ofe
produire de la promeffe du fieur Hatte, de reconnoître un fils, *en le laiffant maître du temps.* On prétend
tirer cette preuve d'une lettre écrite par la Dame Hatte
elle-même au Curé de la Madeleine, dans quel temps?
Le 27 Décembre 1759, deux mois & demi après le
décès de fon mari. En effet, elle lui écrit le 27 Déc.
1759, » M. Hatte m'avoit promis dans tous les temps
» qu'il lui auroit rendu juftice de fon vivant (au fieur
» de Rougemont) *fi je voulois le laiffer maître du mo-*
» *ment*, « & parce que la Dame Hatte le dit, parce
qu'elle ofe le dire, l'écrire en 1759 au mois de Décembre, c'eft une preuve que le fieur Hatte le lui
avoit promis de fon vivant. La preuve de la promeffe du mari ne pourroit réfulter que d'une lettre
de lui, & l'on n'en rapporte pas. Il peut néanmoins en exifter une: car dans le procès de 1752 la
Dame Hatte en montroit trois de l'année 1730. Dans
le Mémoire donné alors pour elle, en parlant du rétabliffement de fa communauté à la pag. 11, l'on ajoute,
» il lui a fouvent promis *de lui rendre juftice*, il avoit

» donné des paroles pofitives de fe réunir avec elle, il
» ne demandoit en 1730 que la liberté d'en déterminer
» le moment. « Dans le Mémoire du mari, de la même
année, on combat les mêmes lettres fur le même objet,
& les Parties préfentes alors l'une vis-à-vis de l'autre
s'entendoient. Ainfi il pourroit être vrai qu'en 1730 le
Sr Hatte eut demandé à fa femme d'être maître de *déter-*
miner un moment ; mais c'étoit pour cette communauté
dont elle fouhaitoit le rétabliffement : & parce que la
Dame Hatte, au mois de Décembre 1759, a abufé vis-
à-vis du Curé des expreffions générales *d'un moment* à
déterminer, parce qu'elle applique au fieur de Rougemont la promeffe fuppofée faite à elle-même de *lui*
rendre juftice fur un fait tout différent, fa propre lettre
eft dans la caufe un fecond genre de preuves de fa
maternité. C'eft, Meffieurs, ce raifonnement bizarre,
c'eft-là cette infidélité qui eft la bafe du raifonnement
même. Que le fieur de Rougemont, que la Dame Hatte
rapportent les trois lettres de 1730, ils les ont entre les
mains, puifqu'on en parle dans les Mémoires de 1752,
& de la Dame Hatte & de fon mari. Elle les a même pro-
duites en 1760 au Confeil du Roi, dans fa requête de
caffation de vos Arrêts, & fous trois dates différentes
du même mois d'Août 1730. Diront-ils tous deux
qu'ils ne les ont plus? La dénégation ne feroit pas
moins intrépide, que l'abus évident qu'on a fait de la
lettre perfonnelle de la Dame Hatte au Curé.

Troifiéme
genre de preu-
ves.
Le *Tractatus.*

Mais l'éducation, & ce que les Loix appellent le
Tractatus, compofent des preuves de maternité, &
d'un troifiéme genre.

On a voulu ici, Meffieurs, m'interdire le droit de
difcuter

difcuter une multitude de faits articulés; c'eft-à-dire,
que la licence régnera déformais dans l'articulation, de
la part des réclamans, & que la défenfe légitime fera
interdite à la famille attaquée! Voici quelques-uns de
ces faits, qui n'indiquent que des traitemens fecrets
& cachés.

Sixiéme fait. *Qu'au bout de quatre mois, le fieur Cor-*
rigé à la priere de la Dame Hatte, retira l'enfant des mains
d'une premiere nourrice & le confia à une feconde dans le
voifinage dudit Corrigé, chez laquelle feconde nourrice il
eft refté fous le nom de Poupon.

Septiéme fait. Que *la nourrice le menoit chaque jour*
chez les Sieur & Dame Corrigé, qui payoient exacte-
ment toute la dépenfe, des deniers de la Dame Hatte *qui*
alloit affidument le voir, dans la maifon, dit-on, *des Sieur*
& Dame Corrigé.

Huitiéme fait. Que *les Sr & Dame Corrigé le retirerent*
dans leur maifon à la priere de la Dame Hatte, *laquelle*
alloit fréquemment l'y voir, chez Corrigé.

Neuviéme fait. Que *Madame de Lattaignan eft allée*
dans la maifrn des Sieur & Dame Corrigé avec la Dame
Hatte fa fœur, voir l'enfant qu'elle connoiffoit pour fils de
fa fœur. Point de lettre cependant de Madame Lattaignan; elle, fon mari, leurs enfans, font du nombre
des parens qui ne reconnoiffent pas.

Dix, onze, douze & treiziéme faits. Qu'en **1725**
l'enfant fut mis en penfion fous le nom de la Riviere, que
la Dame Hatte alloit le voir fréquemment avec Madame de
Lattaignan dans cette maifon, où étoient fes fils & leurs ne-
veux, qu'il étoit careffé comme fes coufins, qu'on lui
donnoit des bonbons, ce qui faifoit dire que la Dame

Hatte étoit fa mere. *Qu'il fut mis fous le même nom au Collége de la Marche, & que par tout fes penfions étoient payées* par les Sieur & Dame Corrigé, *mais des deniers de la Dame Hatte.*

Quatorziéme fait. *Que de temps à autre Corrigé envoyoit chercher l'enfant pour venir paffer la journée* dans fa maifon; *que toutes les fois que la Dame Hatte devoit s'y trouver,* (chez Corrigé) *on prenoit foin de faire mieux ajufter l'enfant.*

Quinziéme fait. *Qu'attaqué au Collége d'une fiévre maligne, il fut retiré chez le fieur Corrigé, où la Dame Hatte venoit le voir, & paffoit des heures, quelquefois des journées auprès de fon lit.*

D'autres faits regardent *l'entrée au Service fous le nom de fieur de Rougemont... la fauffe parenté* concertée par la Dame Hatte, de fon aveu, *avec le Sr. de la Bourgonniere...* un appartement loué & meublé *en l'abfence du jeune homme,* de l'ordre de la Dame Hatte, par le fieur de Moncade, fils de Corrigé.... *des vifites* dans le cours d'une maladie... *un équipage* fait pour le Canada, non directement encore par la Dame Hatte, mais de fes deniers, *& par les mains de l'ancien Major du Régiment.*

Que réfulteroit-il donc de ces *traitemens,* s'ils étoient vrais ? Que réfulteroit-il de la fingularité de faits, qui ne font pas les nôtres, qui font ceux de notre adverfaire, & qu'on prétend néanmoins nous interdire le droit de combattre ? C'eft que la Dame Hatte n'auroit été occupée toute fa vie qu'à cacher l'enfant ou l'homme fait, à les cacher à l'intérieur de fa maifon, à tout fon Domeftique, à fon mari & à elle-même, puifqu'elle ne l'a pas fait venir une feule fois chez elle, ne le voyant jamais qu'en maifon tierce, fans que l'enfant ou l'homme fait aient même connu la main de leur bienfaitrice depuis 1720 jufqu'en 1757.

Aux yeux des Loix, ce ne font pas là les traitemens qui établiffent la paternité ou la maternité même, *in domo, vicinis fcientibus*, fur-tout lorfqu'il n'y a pas d'acte juftificatif de la naiffance. La Dame de Bruix avoit reçu, nous l'avons dit, fon éducation toute entiere au Palais Royal, chez le Marquis & la Marquife de la Ferté; la Demoifelle Virgine l'avoit reçue en partie dans des Couvens, toutes deux avoient des rentes conftituées de 1000 liv. de 1600 liv. & l'une avoit une donation de 100000 l. traitemens qui n'ayant rien de relatif au pere, n'ont pû être regardés comme une préfomption légale de la paternité, ni même de la maternité.

La Dame Hatte, (nous entrons dans le quatriéme genre de fes preuves) la Dame Hatte a voulu préfenter ce fils à fon pere dans les derniers jours de fa maladie, & elle a éprouvé des violences : donc encore elle eft mere.

Cet épifode eft impofant dans la caufe. Quels qu'en foient les faits, je n'ai ceffé de le dire, ils ne regardent pas Madame de Vauvré ma Partie, qui n'a pu elle-même, depuis les Sacremens, rentrer dans la chambre de fon pere (il faut l'avouer) à caufe des Lettres qu'elle lui avoit écrites quelques mois auparavant fur fon teftament, & contre la perfonne à qui elle en imputoit le projet : mais mon filence a été mal interprêté, il faut donc que je m'explique auffi fur une partie au moins de cette infidélité, la plus averée peut-être de toutes celles qu'on s'eft permifes.

Il eft conftant & avoué que la Dame Hatte a vu fon

mari avant les Sacremens, & qu'elle lui a parlé. Si elle s'eſt trouvée mal, c'eſt avant l'Adminiſtration, & elle eſt rentrée enſuite pour cette cérémonie lugubre. M. & Madame de Vielsmaiſon, la Demoiſelle leur fille ont reconduit le Clergé à l'Egliſe, & la Dame Hatte eſt reſtée ſeule & libre pendant pluſieurs heures, ſans avoir parlé de rien. Il eſt de toute fauſſeté auſſi que ce ſoit dès le lendemain à 7 heures du matin qu'elle ſoit revenue avec le ſieur de Rougemont. N'ayant pas touché alors les 100000 liv. accordées par ſon mari, elle n'oſoit pas encore enfreindre la capitulation. Ce n'eſt qu'après les avoir reçues le 8, & ſeulement deux jours avant la mort, qu'elle a reparu. Il faut l'oppoſer à elle-même ſur les faits contraires qu'elle a fait plaider.

Dans une Requête d'ampliation donnée pour elle au Conſeil du Roi dans l'inſtance de caſſation, on lit, page 2, » Le Curé de la Madeleine aſſura la Suppliante » de tous les ſentimens de ſon mari pour elle. Ce fut » après ces aſſurances qu'elle ſe rendit, accompagnée » du Miniſtre de paix qui l'étoit allé chercher, chez » le ſieur Hatte. Elle s'approcha de ſon lit. Il lui prit » la main, il s'exprima d'une maniere attendriſſante » pour la Suppliante & pour ſes filles, qui, auſſi bien » qu'elle & le Sieur Curé de la Madeleine, étoient » dans la chambre près du lit, & préſentes à cette réu- » nion & réconciliation. Elle ne put entendre, ſans » une violente émotion le diſcours touchant qu'il lui » adreſſa ; elle éprouva une révolution qui lui ôtant » l'uſage des ſens, la fit trouver mal; mais voulant mé- » nager ſon mari, & lui épargner la vue d'un pareil » ſpectacle, elle s'étoit retirée dans l'anti-chambre, » où il l'envoya aſſurer combien il étoit ſenſible à ſon

» état, avec inſtance de demander tout ce dont elle
» auroit beſoin : elle rentra enſuite dans la chambre,
» où elle reſta pendant que le ſieur Hatte reçut les der-
» niers Sacremens «. Donc d'abord la foibleſſe étoit ſur-
venue avant l'Adminiſtration, & l'accident ne l'a pas
empêchée d'y aſſiſter dans ſon état ordinaire.

Enſuite; » enfin elle demeura chez lui les deux der-
» niers jours de ſa vie, *ſans avoir, il eſt vrai, toute li-*
» *berté pour approcher de lui,* à cauſe de l'obſeſſion qui
» ſe ranima, & elle n'en ſortit qu'après ſa mort. C'eſt
» ainſi, ajoute-t-elle, que ſe font paſſées, *dans la plus*
» *exaƈte vérité*, les dernieres démarches de la Suppliante
» auprès de ſon mari «. Donc auſſi, *dans la plus exaƈte*
vérité, & c'eſt la Dame Hatte qui l'atteſte, elle n'eſt pas
revenue dès le lendemain à ſept heures du matin. Elle
n'a pas paſſé quatre jours dans l'anti-chambre pour préſenter un fils, mais ſeulement les deux derniers jours,
pour être à portée de faire entrer la premiere un Com-
miſſaire : donc enfin il n'y a pas eu des verroux, des
barricades, mais ſeulement *elle n'a pas eu toute liberté*.
Qui reconnoîtroit dans ces plaintes de 1760, les plaintes des Audiences de 1765 ? & n'eſt-ce pas abuſer de
tout, que de ſubſtituer à la réalité des faits, des décla-
mations injurieuſes pour les enfans ?

Au ſurplus, Madame de Vielsmaiſon a démontré,
par la comparaiſon de deux Lettres de la Dame Hatte,
au même Curé de la Madeleine, que ſon ſtyle ſur la
perte de ſa communauté étoit un ſtyle paſſionné, qui
n'avoit pas beſoin d'être irrité par un plus grand intérêt
tel que celui d'un fils. Dans ſa Lettre du 11 Août 1759;
» je ne ſais, dit-elle, de quel œil M. Hatte enviſage

» les momens *critiques* où il eſt, les reproches qu'il doit
» ſe faire *dans ſon for intérieur ſur ce qui concerne ma com-*
» *munauté*, & la ſituation miſérable dans laquelle je
» ſuis réduite : ce que je dépoſe *dans votre ſein*, dont
» je vous ſupplie de faire uſage. « Celle du 29 eſt une
réponſe de la Dame Hatte à une Lettre du Curé du
23. Le Curé parloit dans la ſienne, de la communauté dont il avoit été chargé de parler au mari. La
Dame Hatte, dans ſa réponſe du 29, dit au milieu de
beaucoup de choſes, » je vois qu'il ne me reſte de reſ-
» ſource que de gémir juſqu'au dernier ſoupir de ma
» vie ſur le bandeau qui l'aveugle, qui lui fait tenir
» captive une vérité dont l'aveu le feroit périr : *& plus*
» *bas*, j'ai cru que la repréſentation que vous lui feriez
» *ſur le tribunal de ſon for intérieur qu'il doit ſeul conſulter*
» *dans ces derniers momens*, lui feroit impreſſion. « C'eſt
toujours, & dans cette Lettre du 29, *le for intérieur*,
tel que le *for intérieur*, de la Lettre du 11 Août, *ſur*
la communauté. Le bandeau qui aveugle, la vérité captive,
n'ont pas d'autre ſens dans la bouche d'une perſonne
qui dans ſes procédures reproche ſans ceſſe à ſon mari
le dol, la fraude, la ſurpriſe, & qui dans le cours
d'une maladie, veut intéreſſer ſur l'objet de la communauté, la conſcience & le for intérieur du malade. Si
donc la Dame Hatte n'a jamais ſongé ſérieuſement à
préſenter l'Anonyme, tandis qu'elle auroit été libre de
le faire, ſi l'interprétation donnée à ſes Lettres n'eſt
que captieuſe, ce projet qu'elle n'a pas eu, n'eſt pas
une quatriéme preuve de ſa maternité.

Cinquiéme genre de preu-ve.
Lettres des parens.

J'ai réfuté preſque d'avance les preuves du cinquiéme genre, qui tombent ſur les Lettres, les billets

& les cartes écrites par des parens, avant ou depuis la demande. Vingt actes où ils ne connoiſſent que les deux filles écartent ſans doute ces écrits privés jettés au haſard dans la cauſe. J'ajoute qu'il n'y a pas de Lettres de M. & de Madame de Lattaignan pere & mere, qu'il n'y en a pas de leurs deux enfans, qu'il n'y en a pas non plus de Meſſieurs Maynaud pere & fils, qu'il n'y en a pas même de M. de Chevigné, mais ſeulement de deux de ſes enfans ; ce qui forme déja le nombre de ſept des plus proches parens, même de la famille de la Dame Hatte. Que ſont au ſurplus des Lettres? Des témoignages ou des eſpeces d'enquêtes anticipées : mais *non epiſtolis neceſſitudo ſanguinitatis, ſed natalibus, vel adoptionis ſolemnitate conjungitur.* Les parens de Marſaut n'avoient pas reconnu par Lettres, ils étoient Intervenans. La filiation ne s'établit que par les actes de la naiſſance, *natalibus,* & non par des miſſives, pas plus que par les déclarations mendiées des peres & des meres, *non nudis aſſeverationibus, non ementitâ profeſſione, non epiſtolis.*

A quoi me reſte-t-il maintenant à répondre ? Si je n'étouffois perſonnellement, Meſſieurs, une trop juſte ſenſibilité, le procès né entre les Parties pourroit dégénerer en une querelle perſonnelle entre leurs Défenſeurs, ſur le ſixiéme & dernier genre de preuves, ou il s'agit de ces aveux de maternité qui me ſont imputés.

En me livrant aux détails, je ſerois forcé de vous dire que ſur un fait, que ſur deux, que ſur d'autres encore, on y ſupprime les termes uſités dans la forme des raiſonnemens par hypothèſe, ces termes, *en ſuppoſant, ſuppoſons,* & c'eſt avec ces ſuppreſſions qu'on en fait des raiſonnemens abſolus. C'eſt peu de ſup-

Sixiéme genre de preuves.
Aveux de Maternité.

primer, on a ajouté fur d'autres faits ; il doit m'être permis d'en citer quelques exemples.

J'ai dit dans un endroit » que nos adverfaires répan- » doient dans le Public que le Sʳ Hatte s'étoit plaint de » la groffeffe de fa femme : je dis enfuite *fuppofons* qu'il » fe fut plaint, quoi ? ce feroit une preuve, foit de la » maternité, foit de la paternité ! Un Mari doit donc » être bien attentif, lorfqu'un bruit de groffeffe vient » inquiéterfes oreilles. Si le bruit n'eft pas vrai, & que » malheureufement l'écrit où il s'en plaindroit n'eût » pas de date, voilà dans la main d'une femme une » titre pour toute fa vie, pour des groffeffes poftérieures » & pour la légitimité de plufieurs enfans. » Dans le fait dont on demande acte, comme s'il étoit le mien, voici la maniere dont on me fait parler : » on pré- » tend que le mari s'eft plaint de la groffeffe ; mais fi » l'écrit par lequel il s'en feroit plaint n'a pas de date, » c'eût été un titre pour toutes les groffeffes pofté- » rieurs *de la Dame Hatte.* » En fupprimant ces mots, *fuppofons* que &c. En mettant auffi *le* Mari, au lieu *d'un* Mari en général ; en ajoutant, pour toutes les groffeffes poftérieures *de la Dame Hatte,* on applique à la Dame Hatte & à fon mari ce que je n'ai dit en général que des Maris qui fe feroient plaints dans des écrits fans date. C'eft là une portion du Contrat judi- ciaire qu'on veut former entre les Parties plaidantes ; non par des faits qui foient émanés d'elles ni de moi, mais par des réfléxions & des hypothèfes qui entroient naturellement dans l'ordre de mes raifonnemens.

J'ai auffi, non pas produit, mais parlé d'infcrip- tions au Collége pour un Marie-Jofeph-Corrigé de

la

la Riviere ; & comme je n'en ai jamais reconnu devant
les premiers Juges l'identité avec le Rougemont de
1720 , je difois, fi vous étiez ce la Riviere, ce que je
ne vois pas, parce que je raifonne en Jurifconfulte, &
que c'eft à des Jurifconfultes que j'adreffe la parole ; fi
vous l'étiez, vous auriez des noms de baptême d'un
homme de la plus haute qualité avec lequel la Dame
Hatte a fait l'acquifition commune de la maifon de
Chatou, & dont elle a parlé la premiére. On a nié que
la Dame Hatte eût la premiere parlé de cette acquifition ; mais la dénégation n'a pas effacé , Meffieurs,
ce que j'avois écrit fous la dictée du Défenfeur de
la Dame Hatte qui avoit parlé avant moi. C'eft
néanmoins en raffemblant onze ou douze périodes
dans quatre Audiences de plaidoyeries , c'eft en
les mettant de fuite dans deux pages d'impreffion ,
qu'on en forme un fyftème de reconnoiffance , tandis que le fond de ma défenfe a toujours été de nier
le fait de la maternité, telle que je la nie devant
vous : & d'où proviennent ces errreurs volontaires
ou involontaires fur les faits dont on demande acte ?
C'eft parce que ce n'eft que quinze jours après mes
plaidoiries finies, qu'on s'eft propofé de me faire cette tracafferie perfonnelle.

 Or en négligeant les détails , premierement on eft
convenu devant vous que je n'avois pas dit expreffément ce qu'on me fait dire , mais que c'étoit l'impreffion qui avoit pû réfulter de mes difcours , enforte que c'eft avec des *impreffions* intellectuelles que
l'un peut avoir reçues, qu'un autre n'aura pas adoptées,
que le contrat judiciaire fe trouvera formé !

L

Secondement les premiers Juges ont été vivement follicités de former ce contrat, en leur difant que *nous étions deftinés à reparoître bientôt dans votre tribunal, où les* imputations qui m'étoient faites, *refteroient incertaines, s'ils* ne décidoient rien. *Je leur ai* dit au contraire que *je voudrois qu'il y eut dans l'ordre judiciaire, & même dans notre ordre, une voie pour obtenir la fatisfaction qui m'étoit due perfonnellement*. En effet dequel droit me fait-on parler moi-même par un organe étranger, pour abufer d'expreffions qui enfin ne font pas les miennes. Mais Meffieurs des Requêes du Palais n'ont pas donné acte ; c'eft à vous, Meffieurs, qu'on le demande de nouveau. Rentrons fur cet article dans l'objet férieux d'intérêt, c'eft celui de mes Parties. Dans aucun fens, elles ne pourroient être engagées par mon propre fait : car enfin qui fommes nous ? Des hommes de Loix qui confacrons à nos Cliens des veilles, de foibles talens, une tardive expérience : nous pouvons tout pour leurs intérêts, rien à leur préjudice ; & que le Public qui nous écoute, fe raffure, qu'il ne penfe pas que des intérêts éminens puiffent jamais être compromis par le fait d'un Défenfeur.

Ainfi des aveux dont les faits font tronqués, infideles, & contredits par le plan entier d'une défenfe, ne font pas pour la Dame Hatte des preuves de fa maternité. Ils ne le font pas plus que les Lettres des Parens, que le projet chimérique de préfenter un fils, que des traitemens qui regardent plus directement le Sieur Corrigé qu'elle même, que de prétendues déclarations faites à fon mari. Ils ne le font pas plus que fa déclaration judiciaire dans la caufe actuelle. Tout cela ne fupplée pas au titre probatif de la naiffance, de tel enfant, de tel fexe, de tel jour. Tout cela ne feroit que des conjectures d'une maternité quelconque, & non pas de cette maternité de fait, qui peut feule aider la préfomption légale de la paternité. C'eft le réfultat de mes principes particuliers fur la feconde partie de cette affaire.

Mes travaux font-ils finis? Ils devroient l'être, Meffieurs: mais la reffource derniere du Réclamant, a été une efpéce de dénonciation faite au Miniftere public du délit de la fuppreffion, ou de la fuppofition de fon état. Ce n'eft ici qu'un cercle, & le cercle vicieux des mêmes raifonnemens: la démonftration eft facile.

Tout délit a un corps certain, tout corps de délit doit être juridiquement conftaté, & ce n'eft que fur la piéce juftificative du corps du délit que l'inftruction extraordinaire peut être formée. Dans une fuppofition, ou dans une fuppreffion d'état, la naiffance de l'enfant doit donc être la bafe de l'inftruction. Il faudroit prouver qu'un enfant eft né, avant de pouvoir prétendre qu'on a fupprimé, & qu'on a fuppofé.

Or l'Anonyme eft-il né de la Dame Hatte? C'eft toujours la même queftion. Il y a preuve à la vérité que le 17 Août 1720, il eft né un enfant d'Etienne de Rougemont & de Jeanne Morel fa femme. Mais la preuve que la Dame Hatte foit accouchée une troifiéme fois & qu'elle foit accouchée d'un garçon, où eft-elle? Voilà ce que nous avons dit que la Loi ne voit pas, qu'elle ne doit & qu'elle ne veut pas voir, parce qu'il faudroit pour cela, d'un côté détruire ce

L ij

qui exiſte légalement, & de l'autre créer ce qui n'exiſte pas ; anéantir un acte légal, en édifier un autre, ſubſtituer en un mot le néant à l'être ; c'eſt juſques-là qu'il faut aller pour trouver un corps de délit & la matière d'une plainte.

Cependant, pourſuit-on, la preuve du délit, c'eſt-à-dire, de la ſuppreſſion & de la ſuppoſition d'état, elle eſt déja faite : car dans l'acte de Baptême de 1720, le pere étoit abſent, ce ſont deux enfans qui ont été témoins au Baptême, Charles-Joſeph de Rougemont a été traveſti en poupon pendant les quatre premieres années, il l'a été en Marie-Joſeph la Riviere-Corrigé juſqu'en 1738, il l'a été en parent d'un Sr de la Bourgonniere, il y a eu auſſi deux & trois fois des mouvemens dans le Régiment à ſon ſujet, & les Regiſtres de la Capitation atteſtent qu'il n'y a jamais eu d'Etienne de Rougemont dans le cul-de-ſac Saint-Pierre. Voilà, dit-on, les preuves de la ſuppoſition d'état. Nous y avons répondu en détail. Mais tous ces traveſtiſſemens prétendus, à quelqu'individu qu'on les applique, à un ſeul, ou à pluſieurs, n'ont aucun rapport avec un enfant né de la Dame Hatte, puiſqu'il n'y a aucun acte de naiſſance, ni d'un enfant, ni particulierement d'un enfant mâle. Où ſera donc le corps du délit ? Où ſeroit la baſe de la plainte ? L'effet de la plainte ſeroit d'anéantir un acte civil, ce ſeroit de créer un être ſans nom, ſans ſexe, ſans époque, ſans mere ; & c'eſt au Miniſtere public qu'on veut confier un pareil rôle, après quarante-quatre années dans le cours deſquelles toute ſorte de délit auroit été doublement preſcrit !

Mais ce projet n'eſt pas encore nouveau ? Je ramenerai perpétuellement, Meſſieurs, mes Adverſaires à la Juriſprudence tant de fois citée. Marſaut l'avoit tenté par voie d'information, & vous avez rejetté la preuve quoiqu'elle fût faite. La Demoiſelle de Choiſeul le tenta de même. Elle n'avoit pas deux choſes à faire, anéantir un acte exiſtant, & en créer un autre. Il n'exiſtoit pas d'acte contr'elle, elle ne vouloit que prouver une naiſſance, & la voie criminelle n'en fut pas moins proſcrite. La D^{lle} Virgine commença auſſi par l'accuſation extraordinaire ; elle fut écartée, parce qu'il s'agiſſoit, en donnant une fille au Marquis & à la Marquiſe de la Ferté, d'étouffer la fille de Louis de Saint Maixance, ſieur de la Boulaye, & de Charlotte de Longpré ſa femme.

Convenons donc que le ſyſtême, ſous quelque forme qu'on le produiſe, ou ſyſtême de preuve teſtimoniale contre la troiſiéme hypothèſe des queſtions d'état, ou ſyſtême de préſomption légale de paternité, ou ſyſtême de ſuppreſſion & de ſuppoſition d'état, péche toujours par ſon fondement, le défaut du titre légal ; ce qui prouve la néceſſité indiſpenſable de s'en tenir ſoit aux principes généraux conſacrés ſur l'état des hommes, ſoit aux préjugés ſolemnels.

Et pourquoi s'écarter de ces routes connues, comment même eſt-on parvenu à s'en écarter, & à mettre de l'intérêt dans une affaire jugée au Tribunal du Public inſtruit, avant d'être portée au Tribunal des Magiſtrats ? C'eſt, Meſſieurs, par des reſſorts dont le jeu ne vous eſt plus inconnus.

On a faifi d'abord les qualités des Parties plaidantes: une femme octogenaire, qui déja un pied dans le tombeau, ne retient l'autre que pour venir rendre hommage à la vérité ; qu'elle attitude & qu'elle eft confiante ! C'eft auffi une mere contre deux filles ; c'eft un homme encore qui jouit dans le monde d'une confidération perfonnelle : fonds riche pour des exordes pompeux , pour de plus pompeufes péroraifons , & pour tous ces lieux communs de l'éloquence commune.

Enfuite des rédacteurs de Mémoires ont remué d'anciennes procédures de féparaions de corps & de biens. Ils ont eu fous les yeux des lettres contre une parente & contre un mari; delà un épifode où la jaloufie , fes fureurs & l'empire de la féduction ont tout dénaturé , aux dépens de la vérité & de la vraifemblance.

Il a fallu cependant, au milieu de ces coups de théatre, parler le langage de la matiere , & l'on n'a refpecté ni les droits de la raifon, ni les loix de la raifon écrite, ni la notoriété qu'elles ont acquife dans le monde & dans les Tribunaux.

Enfin, dernier reffort de l'intrigue , de demander acte, avec une efpece de triomphe, de faits alterés , de fimples hypothèfes & mêmes de fimples réflexions. C'eft par-là qu'on a foutenu quelque temps l'artention de l'auditoire ; effet trop funefte de l'afcendant que la raifon de l'homme qui parle en public, ufurpe quelquefois fur la raifon de ceux qui l'entendent; mais enfin le merveilleux difparoît : *Charles-Jofeph de Rouge-*

mont , *fils d'Etienne de Rougemont , Officier , & de Jeanne Morel fa femme , demeurans Cul-de-Sac de Saint-Pierre ,* ne peut être foudainement *Anonyme Hatte , fils du fieur Hatte & de la Demoifelle Miotte.* Voilà la caufe réduite à deux mots. Et dans cet état de fimplicité de l'acte baptiftaire , ce n'eft pas feulement une caufe privée fur laquelle vous devez prononcer , c'eft une caufe publique ; c'eft celle des mœurs & des Loix qui ont pofé , de concert , en faveur de la famille & contre le réclamant , cette double barriere du titre & de la poffeffion.

Monfieur S E G U I E R , Avocat Général.

M^e D O I L L O T , Avocat.

GILLET le jeune , Procureur.

De l'Imprimerie de REGNARD, rue Baffe des Urfins. 1765.

9 782019 213756